El pensamiento cinematográfico de Gilles Deleuze en dos films de David Lynch

Marta Romero López

El pensamiento cinematográfico de Gilles Deleuze en dos films de David Lynch

PETER LANG

**Bibliographic Information published by the
Deutsche Nationalbibliothek**
The Deutsche Nationalbibliothek lists this publication in the Deutsche
Nationalbibliografie; detailed bibliographic data is available online at
http://dnb.d-nb.de.

Cover illustration: *Lyon-Twin Peaks*, Marta Romero López, 2018.

ISBN 978-3-631-84859-3 (Print)
E-ISBN 978-3-631-84860-9 (E-PDF)
E-ISBN 978-3-631-84861-6 (EPUB)
E-ISBN 978-3-631-84862-3 (MOBI)
DOI 10.3726/b18109

© Peter Lang GmbH
Internationaler Verlag der Wissenschaften
Berlin 2021
All rights reserved.

Peter Lang – Berlin · Bern · Bruxelles · New York · Oxford · Warszawa · Wien

This publication has been peer reviewed.

www.peterlang.com

Agradecimientos

En primer lugar, quiero agradecerle a mi tutor, el Dr. José Enrique Monterde, el dedicarles una mirada tan atenta a mis escritos, pues sin su apoyo y confianza en mi trabajo esta publicación no hubiera sido posible.

A Santiago Sanjurjo y Juan Ángel Romero, por sus consejos y su magnífica lectura crítica, la que ha enriquecido de manera extraordinaria este texto. También agradecer a Adrià Febrer y Carmen López su confianza en cada paso que doy, su apoyo incondicional y admirable paciencia.

Y por último, a mi hermana Alicia Romero López, quién me animó a publicarlo y a la que debo todos mis logros.

Índice

El pensamiento cinematográfico de Gilles Deleuze en dos
films de David Lynch 9
Marta Romero López

1. Introducción 11

2. Aproximación a Gilles Deleuze 15
   2.1 Contra la imagen dogmática del pensamiento 15
   2.2 El pensamiento cinematográfico deleuziano 24
       2.2.1 La imagen-tiempo y la imagen-movimiento 32

3. Aproximación a David Lynch 37
   3.1 Artista renacentista posmoderno 37
   3.2 Características y etapas 51
   3.3 Influencias: surrealismo, Romanticismo americano, *noir* 63

4. David Lynch y Gilles Deleuze 75
   4.1 Tener una idea en cine 75
   4.2 David Lynch y el pensamiento cinematográfico 77
   4.3 La presencia de la filosofía cinematográfica de Gilles
       Deleuze en la filmografía de David Lynch 83
   4.4 Una aproximación a la imagen-recuerdo y al «sueño
       implicado» en *Carretera perdida* y *Mulholland Drive* 92
       4.4.1 El fracaso de la imagen-recuerdo en *Carretera perdida* 93
       4.4.2 El «sueño implicado» y la experiencia *déjà vu* en
             Mulholland Drive 105

5. Conclusiones 119

6. ANEXO 1: Esquema visual de la filmografía de David Lynch 121

Bibliografía 123

Marta Romero López

El pensamiento cinematográfico de Gilles Deleuze en dos films de David Lynch

Resumen: Lo que encontramos en esta publicación es una aproximación al cine de David Lynch desde el pensamiento cinematográfico de Gilles Deleuze. La conjunción de estos dos autores, en apariencia muy distantes, permite la creación de un diálogo entre filosofía y creación audiovisual que tiene el fin de reflexionar sobre la naturaleza propia de las imágenes cinematográficas. A través de dos películas del director norteamericano, *Carretera Perdida* (1997) y *Mulholland Drive* (2001), se ponen en juego imágenes pensadas por Deleuze como la imagen-recuerdo, el «sueño implicado», la imagen-sueño o la imagen-cristal.

Palabras clave: Gilles Deleuze, David Lynch, filosofía del cine, estudios cinematográficos

Abstract: In this publication, we find an approach to David Lynch's cinema through Gilles Deleuze's cinematographic thought. The conjunction of these two authors, visually distant from one another, creates a dialogue between philosophy and audiovisual creation that aims to reflect on the nature of cinematographic images. Through two films by the American director —*Lost Highway* (1997) and *Mulholland Drive* (2001) —, images thought by Deleuze, such as the memory-image, the «implied dream», the dream-image or the crystal-image, are brought into play.

Keywords: Gilles Deleuze, David Lynch, film philosophy, cinema studies

1. Introducción

Este texto tiene como finalidad realizar una aproximación a David Lynch desde Gilles Deleuze, para lo que, partiendo de un primer acercamiento teórico a la filmografía del director y al pensamiento cinematográfico del filósofo, presentaremos el análisis concreto de dos obras centrales en su filmografía, *Carretera perdida* (1997) y *Mulholland Drive* (2001), como puesta en práctica de dicha aproximación. Siguiendo el pensamiento deleuziano, creemos que la mejor manera de acercarse al cine es aquella que parte de conceptos que le son propios, en vez de aplicar conceptos de otras disciplinas que no necesariamente tienen por qué hacer justicia a la propia naturaleza de las imágenes cinematográficas. Por ello, veremos qué hay de filosófico en el cine de Lynch y cuáles han sido las diferentes aproximaciones a este problema. Finalmente propondremos un análisis de ciertas imágenes de estos dos films a través de conceptos deleuzianos como la imagen-recuerdo, «el sueño implicado», la imagen-sueño o la imagen-cristal, sin recurrir a una explicación basada en la lógica (tradicional) que no haría justicia a la naturaleza del universo lynchiano.

El contenido de esta investigación se presenta organizado en tres bloques principales. Comenzaremos acercándonos brevemente a la obra del filósofo francés Gilles Deleuze (1925–1995), contextualizando en primer lugar su pensamiento, de difícil ubicación, entre las corrientes filosóficas de su tiempo y presentando lo que el filósofo llama «la imagen dogmática del pensamiento», el centro de su crítica filosófica. Asimismo, trazaremos una taxonomía de las diferentes etapas de su obra, comenzando por la producción de monografías, siguiendo con su trabajo junto a Félix Guattari y acabando con su último periodo donde enfoca sus escritos en arte y cine. Seguidamente, realizaremos un breve recorrido histórico sobre la relación que ha existido entre filosofía y cine, considerando a autores como Jacques Rancière, Alain Badiou o Bernard Stiegler. A continuación, centraremos nuestra atención en los estudios sobre cine que realizó Deleuze en los años ochenta y que constituyeron un punto de inflexión para el pensamiento cinematográfico desde la filosofía. Apoyándonos en autores como Paola Marrati y Juan Diego Parra Valencia nos aproximaremos a los estudios mencionados, *Cinéma I: L'image-mouvement* y *Cinéma II: L'image-temps*, profundizando en los dos conceptos clave sobre los que pivotan estos dos tomos: la imagen-movimiento y la imagen-tiempo. Por cuestiones evidentes de tiempo y espacio, hemos decidido dejar al margen los tres tomos pertenecientes a clases y cursos sobre cine que el autor impartió en la universidad y que fueron recopilados y traducidos al español por la editorial Cactus: *Cine I: Bergson y las imágenes* (2009), *Cine II: Los signos del movimiento y el tiempo* (2011) y *Cine III: Verdad y tiempo. Potencias de lo falso* (2018). No obstante, hemos considerado conveniente acudir a textos y entrevistas realizadas por Deleuze donde habla esencialmente sobre cine. Algunos ejemplos son: *La isla desierta y otros textos: (textos y entrevistas, 1953-1974)* (2002), *Conversaciones 1972-1990* (1995) o *Dos regímenes de locos: (textos y entrevistas, 1975-1995)* (2003).

En el segundo bloque presentaremos la figura polifacética del artista y director de cine norteamericano David Lynch (1946-) como un «artista renacentista posmoderno». Para ello, indagaremos en el término del «posmodernismo», acudiendo a grandes estudiosos sobre el tema como Hal Foster, Perry Anderson o el maestro Fredric Jameson, con el fin de contextualizar a Lynch en este ambiguo periodo. Más adelante, nos adentraremos en el cine de la década de los ochenta, descubriendo el panorama que pudo haber influido al director, deteniéndonos en el concepto de «película nostálgica», del que, según Jameson, *Terciopelo Azul* (1986) constituye un ejemplo señero. Después de comentar brevemente su trayectoria artística y su paso de la pintura al cine, propondremos una clasificación por etapas de su filmografía para ayudar al lector a tener una visión global de su trabajo. Por último, examinaremos las influencias presentes en toda su trayectoria, desde Francis Bacon, el surrealismo, *das Unheimliche*, el Romanticismo americano o el género *noir*.

El tercer y último bloque está dividido en dos secciones. En la primera de ellas nos acercamos a la relación de Lynch y Deleuze examinando su concepción, bastante parecida, de «tener una idea en cine». Con el fin de enlazar la obra de estos dos autores de manera conjunta, primero ponemos en contexto los acercamientos que se han hecho a la filmografía de Lynch desde la filosofía y, por último, las aproximaciones específicas desde la filosofía de Deleuze. Aunque no existe constancia de que los autores se hayan mencionado el uno al otro, el esfuerzo por relacionar la obra de los mismos se ha incrementado con el tiempo. Prueba de ello lo constituyen las teorías de autores como Sergi Sánchez, Sonia Rangel o Timothy Deane-Freeman, que emplean conceptos novedosos como la imagen no-tiempo, la imagen-fractal o el *digital outside*. La segunda parte consistirá en desarrollar el objetivo principal de este estudio, por lo que nos aproximaremos a la imagen-recuerdo y el «sueño implicado» deleuzianos en los films *Carretera perdida* y *Mulholland Drive*. Además de considerar el trabajo de Parra Valencia o Alanna Thain, nuestra fuente principal la constituye el tercer capítulo de *L'image-temps*, «Del recuerdo a los sueños (Tercer comentario sobre Bergson)». Respecto a *Carretera Perdida*, partiremos de la concepción del film como una «fuga psicogénica», mostrando cómo se hace evidente el llamado fracaso de la imagen-recuerdo en varias de sus escenas. Asimismo, consideraremos la presencia de la imagen-cristal en dicho film, acudiendo a otras películas que Deleuze pone como ejemplo. Para terminar, examinaremos cómo el concepto de «sueño implicado», derivado de la imagen-sueño deleuziana, se hará visible en *Mulholland Drive*. Este tipo de imagen se unirá a la rememoración, constituyendo así el *déjà vu* como experiencia clave para la comprensión del film.

Con este texto pretendemos acercar al lector dos figuras en apariencia muy distantes pero que sin embargo comparten ideas similares: el acercamiento a David Lynch desde una perspectiva deleuziana nos permitirá establecer un diálogo entre la filosofía y la creación audiovisual con el fin de reflexionar sobre la naturaleza propia de las imágenes cinematográficas.

2. Aproximación a Gilles Deleuze

2.1 Contra la imagen dogmática del pensamiento

Gilles Deleuze (1925–1995) se ubica dentro de una tradición de filósofos franceses que se rebelan contra la historia de la filosofía tal y como se había establecido hasta el momento:

> La historia de la filosofía siempre ha sido el agente de poder dentro de la filosofía, e incluso dentro del pensamiento. Siempre ha jugado un papel represor: ¿cómo queréis pensar sin haber leído a Platón, Descartes, Kant y Heidegger, tal o tal libro sobre ellos? Formidable escuela de intimidación que fabrica especialistas del pensamiento, pero que logra también que todos los que permanecen fuera se ajusten tanto o más a esta especialidad de la que se burlan. Históricamente se ha constituido una imagen del pensamiento llamada filosofía que impide que las personas piensen (Deleuze y Parnet, 1980: 17).

La visión crítica de Deleuze se enmarca en un contexto histórico donde el pensamiento sufre una gran crisis después de Auschwitz. La aparición del existencialismo, uno de cuyos momentos culminantes podríamos localizar en la publicación de *L´être et le néant*[1] de Jean-Paul Sartre en 1943 y, más tarde, en la *Critique de la raison dialectique*[2] de 1960, desemboca en una profunda reflexión sobre el marxismo y el papel que juega el intelectual en la sociedad, dando paso al pensamiento de la diferencia y la deconstrucción (Botto, 2011: 33 *passim*). A finales de la década de los sesenta, con el Mayo francés, se evidencia la exigencia de una revolución cultural, marcada por las dos corrientes en auge entre los estudiantes de la época: los estudios de la Escuela de Frankfurt y el situacionismo. Asimismo, destacan en el marco de las corrientes en torno a 1968 las revisiones del marxismo, el maoísmo, el antimperialismo, el estructuralismo o la antipsiquiatría. A la explosión de la Primavera parisina de 1968 le siguió «la ofensiva de la militancia industrial de Italia en 1969, la decisiva huelga de los mineros ingleses que derrocó al gobierno conservador en 1974 y, pocos meses después, el levantamiento

---

1 Sartre, Jean-Paul. (1943). *L´être et le néant*. Paris: Gallimard. [ed. en español: *El ser y la nada*. Buenos Aires: Iberoamericana, 1948].

2 Sartre, Jean-Paul. (1960). *Critique de la raison dialectique*. Paris: Gallimard. [ed. en español: *Crítica de la razón dialéctica*. Buenos Aires: Losada, 1963].

de Portugal con su rápida radicalización hacia una situación revoluciona-
ria del tipo más clásico» (Anderson, 2004: 16). A estas transformaciones
sociales y políticas correspondió en el ámbito del pensamiento una serie de
importantes cambios en ciertas escuelas de la filosofía francesa: «El estructuralismo se había erigido como un movimiento renovador del humanismo
y la fenomenología, dos tradiciones dominantes entre los intelectuales del
momento, y lograba captar cada vez más adeptos destacados e influyentes
entre sus filas» (Altamirano, 2016: 91). El historiador Perry Anderson en
su obra *In the Tracks of Historical Materialism* (1983)[3] atribuye al estructuralismo —y posteriormente a su sucesor el posestructuralismo— haberse
opuesto al marxismo francés después de que este disfrutase de un indiscu-
tible predominio cultural a mediados del siglo XX. Anderson lo explica de
la siguiente manera:

> [...] contrariamente a lo que podía esperarse, el estructuralismo propiamente
> dicho pasó la prueba de Mayo y resurgió como el ave Fénix, debilitado y modifi-
> cado, es cierto, pero por nada más y nada menos que el equívoco prefijo de una
> cronología: ahora era posestructuralismo lo que antes había sido estructuralismo.
> La relación exacta entre ambos, el parecido familiar o común descendencia que
> los une a través del frágil registro temporal está por establecer. Podría ser el rasgo
> más revelador de ambos. Pocos han sido los que han dudado de la existencia de
> un vínculo entre ellos (Anderson, 2004: 43).

En este aspecto, se le ha criticado a Anderson la injusta reducción del
posestructuralismo a una mera evolución filosófica del estructuralismo que
presenta en el antes mencionado texto. Sin embargo, Anderson comenta
que autores centrales del estructuralismo como Michel Foucault o Jacques
Lacan (cuyos *Écrits* (1966)[4] anticiparon parte de la crítica del mismo), pasa-
ron sin problema de una corriente a otra, «siempre a la altura del momento»
(Anderson, 2004: 43 *passim*). Uno de los pensadores más puramente poses-
tructuralistas, Jacques Derrida, señaló de manera muy clara la ruptura con
el estructuralismo rechazando «la noción del lenguaje como sistema estable

---

3   Anderson, Perry. (1983). *In the Tracks of Historical Materialism*. Londres: Verso
    Editions & NLB. [ed. en español: *Tras las huellas del materialismo histórico*.
    Madrid: Siglo XXI, 1986].
4   Lacan, Jacques. (1966). *Écrits*. Paris: Éditions du Seuil. [Selección de textos
    en español. Madrid: Siglo XXI, 1971. Ed. completa en español: *Escritos*.
    Madrid: Siglo XXI, 1984].

de objetivación» (citado en Altamirano, 2016: 111). Él mismo terminaría
por superarlo con su concepto de la deconstrucción.

Juan Manuel Aragüés, en su monografía dedicada a Gilles Deleuze en
1998[5], argumenta la dificultad de ubicar al filósofo francés en alguna de las
escuelas filosóficas de finales del siglo pasado, pues el intento de clasificarlo
en alguna de ellas «sería un acto de injusticia respecto de la producción
deleuziana» (Aragüés, 1998: 55). Sin embargo, el autor de *Différence et
répétition* se relaciona comúnmente con la corriente posestructuralista y
se enmarca en una generación que, según Hjalmar F. Newmark, puso en
duda todos los conceptos que se creían inamovibles desde la perspectiva
humanista nacida con la Ilustración y formuló una nueva epistemología
para las ciencias sociales, lo que constituyó su mayor logro (Newmark,
2004: 82 *passim*).

Como hemos mencionado al comienzo, Deleuze aborda la historia de la
filosofía de forma polémica, pues su pretensión es encontrar los márgenes
de la imagen dogmática del pensamiento, esto es, los límites en los que el
pensamiento ha podido escapar de su imagen dominante:

> En efecto, para Deleuze la historia oficial de la filosofía occidental es la de la
> entronización de una determinada imagen del pensamiento. Platón, Aristóteles,
> Kant, Hegel, han venido trazando los surcos por los cuales el discurrir filosófico
> queda normalizado, de tal manera que la profundidad de la huella sea tal que
> resulte imposible una vía alternativa (Aragüés, 1998: 17).

Esta imagen dogmática presenta tres características que Deleuze introduce
en su libro *Nietzsche et la philosophie*[6] y sobre las que volverá en sus futu-
ras obras. La primera se cifra en que a través del pensamiento es posible
alcanzar la Verdad; la segunda anuncia que existe un pensamiento rígido
del que nos hemos desviado; y la tercera proclama que el pensamiento
necesita de un método, pues él mismo es una técnica que debe aplicarse
correctamente (Aragüés, 1998: 18 *passim*). Por ello, el propósito principal
de la obra de Deleuze consiste en introducir una variación en la actividad

---

5   Aragüés, Juan Manuel. (1998). *Gilles Deleuze (1925–1995)*. Madrid: Ediciones
    del Orto.
6   Deleuze, Gilles. (1962). *Nietzsche et la philosophie*. Paris: PUF. [ed. en espa-
    ñol: *Nietzsche y la filosofía*. Barcelona: Anagrama, 1971].

del pensamiento, estableciendo así una ruptura en las formas y el contenido de la práctica filosófica:

> [...] se acerca el día en que apenas será ya posible escribir libros de filosofía como desde hace tanto tiempo se acostumbra a hacer. La búsqueda de nuevos medios de expresión filosófica fue inaugurada por Nietzsche, y ha de ser continuada en nuestros días en conexión con la renovación de otras artes, el cine o el teatro por ejemplo (citado en Pardo, 2014: 16).

Deleuze define la filosofía como una actividad creativa que implica la fabricación de conceptos mutantes, ya que estos no preexisten al pensador. Michel Botto lo explica así: «Lo que según Deleuze indican los conceptos mismos es, en última instancia, el devenir, la procesualidad del ser, el acontecer» (Botto, 2011: 49). Sin duda, la creación es central en el pensamiento del filósofo y está ligada de forma muy particular a la idea de resistencia: pensar es crear y crear es resistir. Esta idea es determinante, pues Deleuze verá el arte —acto creativo por antonomasia— como uno de los mayores actos de resistencia a la opresión que ejercen sobre nosotros las sociedades de control[7]. En una conferencia dictada en la Fundación FEMIS (École Nationale Supérieure des Métiers de l'Image et du Son) el 15 de mayo de 1987[8], Deleuze explica la misteriosa relación entre la obra de arte y el acto de

---

7   «[...] debemos entender a la sociedad del control como aquella (que se desarrolla en el extremo más lejano de la modernidad, abriéndose a lo posmoderno) en la cual los mecanismos de comando se tornan aún más "democráticos", aún más inmanentes al campo social, distribuidos a través de los cuerpos y las mentes de los ciudadanos. Los comportamientos de inclusión y exclusión social adecuados para gobernar son, por ello, cada vez más interiorizados dentro de los propios sujetos. El poder es ahora ejercido por medio de máquinas que, directamente, organizan las mentes (en sistemas de comunicaciones, redes de información, etc.) y los cuerpos (en sistemas de bienestar, actividades monitoreadas, etc.) hacia un estado de alineación autónoma del sentido de la vida y el deseo de la creatividad. La sociedad de control, por lo tanto, puede ser caracterizada por una intensificación y generalización de los aparatos normalizadores del disciplinamiento, que animan internamente nuestras prácticas comunes y cotidianas, pero, en contraste con la disciplina, este control se extiende muy por fuera de los sitios estructurados de las instituciones sociales, por medio de redes flexibles y fluctuantes» (Hardt y Negri, 2005: 44).

8   Consultar conferencia realizada por Gilles Deleuze en la fundación FEMIS (École Nationale Supérieure des Métiers de l'Image et du Son) el 15 de mayo de 1987: https://www.youtube.com/watch?v=dXOzcexu7Ks

resistencia sirviéndose de una frase de Malraux: «El arte es lo único que resiste a la muerte». Deleuze sostiene que la obra de arte no tiene ninguna relación con la comunicación ni contiene información alguna, sin embargo, solo deviene acto de resistencia cuando se despliegan sus potencialidades para comunicar.

En síntesis, la crítica central de la filosofía deleuziana se dirige contra la imagen dogmática del pensamiento y sus dos manifestaciones más contundentes: el platonismo (con su trascendentalismo inherente) y la dialéctica hegeliana. En el texto *Platon et le simulacre* (1969)[9], Deleuze asegura que es necesario invertir el platonismo e, inspirado por Nietzsche, continúa su rebeldía contra la primacía de la racionalidad, que se impuso como principio rector de la Ilustración. Así lo condensa Botto: «La insatisfacción de Deleuze con Platón no procede solamente de su concepción antropológica del ser humano como ser meramente racional, sino también de su visión epistemológica, de su concepción del término pensar. De ahí la necesidad de liberar la filosofía de ciertas fuerzas dogmáticas que imponen una imagen del pensamiento» (Botto, 2011: 37). Este es uno de los temas centrales de su obra *Différence et répétition* (1968)[10], que tiene como base su *doctorat d'État* defendido en 1969[11] y su segunda tesis *Spinoza et le problème de l'expression* (1968)[12]. En ella reflexiona acerca del pensamiento mismo y sugiere que la manera que tenemos de pensar se ve condicionada por el clima sociointelectual en el que nos encontramos, dando por supuesto que existen ciertas reglas universales que subyacen a dicha actividad pensante. Deleuze propone expulsar todo presupuesto que se presente como «pensar

---

9 Este texto se encuentra dentro de: Deleuze, Gilles. (1969). *Logique du sens*. Paris: Éditions de Minuit. [ed. en español: *Lógica del sentido*. Barcelona: Barral, 1971].

10 Deleuze, Gilles. (1968). *Différence et répétition*. Doctorat d'État. Paris: PUF. [ed. en español: *Diferencia y repetición*. Gijón: Júcar, 1988].

11 El hecho de que Deleuze publicase su tesis antes de defenderla se debió a que esta última tuvo que aplazarse debido a una enfermedad que padeció el autor. Consultar el capítulo «A life» de Frida Beckman en: *Gilles Deleuze: Critical Lives* (2017).

12 Deleuze, Gilles. (1968). *Spinoza et le problème de l'expression*. Doctorat d'État. Paris: Éditions de Minuit. [ed. en español: *Spinoza y el problema de la expresión*. Buenos Aires: Muchnik, 1996].

correcto» para recuperar agilidad y creatividad mental (Botto, 2011: 37 *passim*).

Sartre influyó a Deleuze durante sus estudios universitarios en París, su ciudad natal, como a otros muchos estudiantes de su generación. En 1945 publica su primer artículo: «Description de la femme. Pour une philosophie d'autrui sexuée»[13], descrito por Frida Beckmann como un pastiche sobre el autor de *L'être et le néant*. A partir de aquí, muchos de los expertos en su producción, como José Luis Pardo o Reidar Due, coinciden en que existe una clara división en tres etapas de su trabajo: la primera sería la etapa monográfica, la segunda abarcaría los trabajos conjuntos con Félix Guattari y la tercera comprendería sus libros sobre cine y pintura. El mismo autor comenta: «Tres períodos son suficientes. Empecé, en efecto, con libros de historia de la filosofía, pero todos los autores de los que me he ocupado tenían para mí algo en común. Y todo tendía hacia la gran identidad Spinoza-Nietzsche» (Deleuze, 1999: 116)[14]. Deleuze comienza abordando la historia de la filosofía con el fin de deshacerla y convierte sus monografías en una estrategia para dicha deconstrucción genealógica (Pardo, 2014: 21 *passim*). En estos primeros libros dedicados a figuras como Hume, Nietzsche, Kant, Bergson o Spinoza, Deleuze no se ocupa de analizar el pensamiento de estos, sino de dialogar y pensar a través de ellos. Como su propio título indica, no es *La philosophie de Nietzsche* sino *Nietzsche et la philosophie*. No hay que olvidar que, además de escribir sobre autores clásicos de la filosofía, Deleuze se ocupa asimismo de Proust, Sacher-Masoch, Bene, Bacon, Kafka, Klossowski o Tournier. Como explica Pardo:

> [...] el nombre de cada uno de esos autores, sustraído a la lógica mayoritaria de la filosofía, traza el camino de un "pensamiento menor" (cfr. KLM y MM) e identifica una zona bien definida dentro del campo problemático de la diferencia, del mapa de la pre-subjetividad. Es el mismo mapa que, dibujado ya de modo "global" y complejo, encontramos en obras sistemáticas como *Diferencia y repetición* o *Lógica del sentido* (Pardo, 2014: 24).

---

13 Deleuze, Gilles. (1945). «Description de la femme. Pour une philosophie d'autrui sexuée». En: *Poésie*. Paris: Vol. 45, n°. 28, pp. 28–39.

14 Texto original publicado en *Magazine littéraire* n°. 257, septiembre de 1988, entrevista con Raymond Bellour y François Ewald.

Desde *Empirisme et subjectivité* (1953)[15], obra dedicada al pensamiento de Hume, hasta *Difference et répétition* (1968), Deleuze se centra en la creación de esos nuevos conceptos filosóficos que contribuirán a pensar libres de los yugos de la imagen dogmática del pensamiento.

El año 1969 constituye un punto de inflexión en la obra del filósofo al comenzar su colaboración con Félix Guattari; y la aparición de *L'Anti-Œdipe*[16], en 1972, establece de manera definitiva su fecunda labor conjunta. Deleuze encuentra conceptos claves en la obra del psicoanalista y filósofo que le atraen verdaderamente, como *schizo* o «transversalidad». De igual modo, «Deleuze is attracted to Guattari's ambition of developing psychoanalysis beyond the framework of his former teacher, Lacan» (Beckmann, 2017: 49). Su relación culminaría con la publicación de *Mille Plateaux*[17], el segundo volumen que, con el ya mencionado *L'Anti-Œdipe*, conforma el díptico *Capitalisme et schizophrénie*. José Luis Pardo considera esencial preguntarse por el itinerario que siguen estos dos autores a partir del inicio de su colaboración. Para Pardo existen tres puntos esenciales que es preciso destacar: el primero se basa en la insistencia de Deleuze en la eliminación de la categoría de posibilidad, que reaparece en pequeños textos publicados poco antes de su muerte en 1992; la segunda es la preocupación por parte de los dos pensadores por problemas estéticos (mucho más relevante en Deleuze); y por último la sustitución progresiva del término «revolución» por el de «resistencia»[18] (Pardo, 2014: 358 *passim*).

Como hemos visto, la última etapa de la obra de Deleuze es la dedicada a la relación de la filosofía con el arte y en ella encontramos libros como *Francis Bacon: Logique de la sensation* (1981)[19] o *Le pli: Leibniz et le*

---

15 Deleuze, Gilles. (1953). *Empirisme et subjectivité*. Paris: PUF. [ed. en español: *Empirismo y subjetividad*. Buenos Aires: Granica, 1977].

16 Deleuze, Gilles; Guattari, Félix. (1972). *L'Anti-Œdipe*. Paris: Éditions de Minuit. [ed. en español: *El Antiedipo*. Barcelona: Barral, 1973].

17 Deleuze, Gilles; Guattari, Félix. (1980). *Mille Plateaux*. Paris: Éditions de Minuit. [ed. en español: *Mil mesetas*. Valencia: Pre-textos, 1988].

18 Consultar las entrevistas realizadas en vídeo junto a Claire Parnet entre 1988 y 1989. «Abecedario de GILLES DELEUZE: R como Resistencia [sic]», disponible en: https://bit.ly/32Z6Psj

19 Deleuze, Gilles. (1981). *Francis Bacon: Logique de la sensation*. Paris: Éditions de Minuit. [ed. en español: *Francis Bacon. Lógica de la sensación*. Madrid: Arena, 2002].

Baroque (1988)[20]. En 1993 se publica póstumamente la obra *Critique et clinique* (1993)[21], una recopilación de artículos y ensayos consagrados al problema de la escritura. Estos trabajos vienen a llenar cierto vacío que hasta entonces existía en su obra, ya que el autor no le había dedicado ningún texto monográfico a la literatura, ámbito al que le concede suma importancia a lo largo de su trayectoria (Pardo, 2014: 178–179 *passim*). Sin embargo, podemos decir que esta etapa comienza realmente con sus dos estudios sobre el cine, publicados en 1983 y 1985, respectivamente, y en los que nos centraremos más adelante.

Se puede observar una cierta progresión en el trabajo de Deleuze, que evoluciona del joven creador de monografías hasta convertirse en el filósofo consolidado que dedica páginas a reflexionar sobre los conceptos que él mismo crea. Sin embargo, en *A propósito de Gilles Deleuze*, encontramos una acertada reflexión de Pardo respecto a este tema donde propone utilizar la fórmula poética de Pessoa «No evoluciono, viajo» para describir en conjunto el transcurso de la obra del filósofo:

> Así que, en el caso de Deleuze, nos equivocaríamos si intentásemos explicar su obra por su "historia" (su relación con la universidad parisina, con el Mayo del 68, el "éxito" del *Anti-Edipo* o el "fracaso" de *Mil Mesetas*). Habría que explicar más bien los "devenires", los conceptos nuevos que Deleuze ha puesto sobre el tiempo estratigráfico de la filosofía. Y habría que explicar su propia trayectoria filosófica, no como una evolución, sino como un viaje. Él, que nunca o casi nunca viajaba, sentía sin duda su obra como un viaje (Pardo, 2014: 212).

Si para Deleuze no resulta posible reducir la filosofía a su propia historia, pues según él el objetivo del «devenir» de la filosofía consiste precisamente en escapar de la historia, tampoco se podría restringir el desarrollo de la propia obra del francés a la historia cronológica tal y como se suele concebir. De la misma manera, parece injusta la extendida práctica de muchos críticos que a menudo sostienen la existencia de tan solo dos Deleuzes, pues inequívocamente son muchos más de los que se pueden encontrar a lo largo de su trabajo. Lo que recuerda a la anécdota narrada por David Lynch

---

20 Deleuze, Gilles. (1988). *Le pli: Leibniz et le Baroque*. Paris: Éditions de Minuit. [ed. en español: *El pliegue: Leibniz y el Barroco*. Barcelona: Paidós, 1989].

21 Deleuze, Gilles. (1993). *Critique et clinique*. Paris: Éditions de Minuit. [ed. en español: *Crítica y clínica*. Barcelona: Anagrama, 1996].

en una de sus entrevistas junto a Chris Rodley, según la cual el director cuenta que en un preestreno de *The Straight Story* una mujer comentó en la cola: «¿No es raro que haya dos directores que se llamen David Lynch?» (citado en Rodley, 2017: 284). Tanto las obras del filósofo como las del realizador deben observarse teniendo en cuenta la gran cantidad de facetas que ofrecen cada uno de ellos.

Cabe subrayar que la recepción de la obra de Deleuze —y el pensamiento posestructuralista en general— ha tenido tantos admiradores como detractores. Destaca la crítica del doctor en física estadounidense Alan Sokal y el físico teórico belga Jean Bricmont en su libro *Impostures Intellectuelles* (1997)[22]. El libro pone en evidencia el relativismo posmoderno y la confusa utilización de términos científicos en los escritos teóricos y filosóficos de destacados pensadores franceses como Bruno Latour, Jean Baudrillard o Paul Virilio, entre otros. Después de analizar varias obras destacando sus «confusiones científicas», los autores escriben lo siguiente sobre las obras de Gilles Deleuze y Félix Guattari:

> La característica principal de los textos que hemos incluido es la falta absoluta de claridad y transparencia. Como es natural, los defensores de Deleuze y Guattari podrían replicar que, simplemente, dichos textos son profundos y no los comprendemos. Sin embargo, al analizarlos con atención, se observa una gran densidad de términos científicos, utilizados fuera de su contexto y sin ningún nexo lógico aparente, por lo menos si se les atribuye su significado usual. (...) Somos muy conscientes de que Deleuze y Guattari se dedican a la filosofía y no a la divulgación científica. Pero, ¿qué función filosófica puede cumplir esta avalancha de jerga científica (y pseudocientífica) mal digerida? En nuestra opinión, la explicación más plausible es que estos autores pretenden exhibir en sus escritos una erudición tan amplia como superficial (Sokal y Bricmont, 1999: 157–158).

Derrida contesta a esta dura crítica y escribe un artículo en *Le Monde* titulado «Sokal et Bricmont ne sont pas sérieux» (1997)[23], haciendo referencia a la conocida «broma de Sokal». El científico decidió publicar un texto parodia titulado «Transgressing the Boundaries: Toward a Transformative

---

22 Sokal, Alan; Bricmont, Jean. (1997). *Impostures Intellectuelles*. Paris: Éditions Odile Jacob. [ed. en español: *Imposturas intelectuales*. Barcelona: Paidós, 1999].

23 Derrida, Jacques. (1997). «Sokal et Bricmont ne sont pas sérieux». En: *Le Monde*. 20/11/1997, p.17.

Hermeneutics of Quantum Gravity»[24], en el que presentaba un escrito repleto de sinsentidos, pero reforzado por un rebuscado y complicado lenguaje, además de citas de intelectuales célebres. Dicho texto fue aceptado por la revista de prestigio *Social Text* y se publicó en 1996. Poco después, Sokal reveló la «broma» evidenciando el abuso de la terminología científica en los textos de humanidades, a veces incoherente y engañosa.

En su artículo, Derrida critica la falta de seriedad del científico y la ausencia de estudio detenido de las llamadas «metáforas científicas». El filósofo comenta: «Il aurait été intéressant d'étudier scrupuleusement lesdites métaphores scientifiques, leur rôle, leur statut, leurs effets dans les discours incriminés. Non seulement chez "les Français"! Et non seulement chez ces Français!» (Derrida, 1997: 17).

2.2 El pensamiento cinematográfico deleuziano

En una entrevista realizada en 1985, Gilbert Cabasso y Fabrice Revault D'Allones preguntan a Deleuze cuál es su interpretación sobre la ceguera de la reflexión filosófica en lo que al arte cinematográfico se refiere. El filósofo sugiere que las dos disciplinas comparten objetivos comunes y esa es la razón de su aparente distanciamiento:

> Es cierto que los filósofos se han ocupado muy poco del cine, y eso los que han llegado a hacerlo. Sin embargo, se da una coincidencia. En el mismo momento de aparición del cine, la filosofía se esfuerza en pensar el movimiento. Pero puede que esta misma sea la causa de que la filosofía no reconozca la importancia del cine: está demasiado ocupada en realizar por cuenta propia una labor análoga a la del cine, quiere introducir el movimiento en el pensamiento, como el cine lo introduce en la imagen (Deleuze, 1999: 95)[25].

La cuestión acerca de quién fue el primer filósofo en relacionar estas dos materias es un debate que hoy en día sigue abierto. Dominique Chateau sostiene, contrariamente a la opinión general, que fue Bergson quien planteó un primer acercamiento filosófico al cine, seguido de Stanley Cavell y Gilles Deleuze en las décadas de los setenta y ochenta (Alvarado, 2013: 126

---

24 Sokal, Alan. (1996). «Transgressing the Boundaries: Toward a Transformative Hermeneutics of Quantum Gravity». En: *Social Text*. N.º. 46/47, pp. 217–252.
25 Entrevista publicada en *Cinema*, n.° 334, 18/12/1985, con Gilbert Cabasso y Fabrice Revault d'Allones.

passim). Sin embargo, existieron anteriormente acercamientos de filósofos a la práctica cinematográfica sin la intención de crear asociaciones con la filosofía de manera directa. Destaca el interés de Walter Benjamin hacia el cine frente al rechazo de Theodor W. Adorno y Max Horkheimer[26]. No obstante, encontramos filósofos que se han interesado por el cine más allá de aquellos que lo relacionan con la estética o la semiótica. Sobresalen trabajos como el temprano ensayo de György Lukács «Gedanken zu einer Ästhetik des Kinos» («Reflexiones hacia una estética del cine») (1913)[27], *The Photoplay. A Psychological Study* (1916)[28] de Hugo Münsterberg, *L'intelligence d'une machine* (1946)[29] de Jean Epstein, *Cine sin filosofías* (1974)[30] de José Ferrater Mora o las dos obras más importantes de Siegfried Kracauer, *From Caligari to Hitler. A Psychological Study of the German Film* (1947)[31] y *Theory of Film: The Redemption of Physical Reality* (1960)[32].

A pesar de ello, podemos decir que no ha existido un intento de pensamiento global y sistemático por parte de los filósofos respecto al cine, aunque Deleuze es el único entre sus contemporáneos en abordar una obra tan amplia. Sin embargo, es cierto que muchos de los coetáneos de Deleuze llegaron a producir reflexiones sobre el cine muy importantes. Por citar solo unos ejemplos, se encuentran los numerosos artículos de Alain Badiou en

---

26 «Horkheimer y Adorno acusan así al cine de paralizar la imaginación y, más generalmente, el *discernimiento* del espectador hasta el punto de que éste ya no es capaz de *distinguir percepción e imaginación*, realidad y ficción» (Stiegler, 2004: 59).

27 Lukács, György. (1913). «Gedanken zu einer Ästhetik des Kinos». En: *Frankfurter Zeitung und Handelsblatt* (10/09/1913).

28 Münsterberg, Hugo. (1916). *The Photoplay. A Psychological Study*. Nueva York: D. Appleton and Co. [ed. en español: *El cine. Un estudio psicológico*. Buenos Aires: Asociación Cultural Toscana, 2004].

29 Epstein, Jean. (1946). *L'intelligence d'une machine*. Paris: Éditions Jacques Melot. [ed. en español: *La inteligencia de una máquina*. Buenos Aires: Nueva Visión, 1960].

30 Ferrater Mora, José. (1974). *Cine sin filosofías*. Madrid: Esti-Arte Ediciones.

31 Kracauer, Siegfried. (1947). *From Caligari to Hitler. A Psicological Study of the German Film*. Princeton: Princeton University Press. [ed. en español: *De Caligari a Hitler: historia psicológica del cine alemán*. Barcelona: Paidós, 1985].

32 Kracauer, Siegfried. (1960). *Theory of Film: The Redemption of Physical Reality*. Londres: Oxford University Press [ed. en español: *Teoría del cine: La redención de la realidad física*. Barcelona: Paidós, 1989].

la revista *L'Art du cinema* —que funda junto a Denis Lévy—, como «Le cinéma comme faux mouvement» (1994)[33] o «Considérations sur l'état actuel du cinéma, et sur les moyens de penser cet état sans avoir à conclure que le cinéma est mort ou mourant» (1999)[34], que desembocarán en una obra de mayor envergadura titulada *Cinéma* (2010)[35]. Asimismo, destacaría Jacques Rancière con *La fable cinématographique* (2002)[36] o el reciente fallecido Bernard Stiegler con sus tres tomos sobre la técnica y el tiempo[37], entre los que destaca *La technique et le temps III: Le temps du cinéma et la question du mal-être* (2001)[38]. En lengua inglesa es importante mencionar la repercusión de Stanley Cavell con su libro *The World Viewed: Reflections on the Ontology of film* (1971)[39], el que, sin embargo, no ha sido traducido al español hasta más de cuarenta años después de su aparición. Asimismo, encontramos trabajos que se centran en encontrar posibles resonancias filosóficas en las producciones fílmicas, como las que apuntan los libros *Philosophy Goes to the Movies* (2002)[40] de Christopher Falzon, *Philosophy*

33 Badiou, Alain. (1994). «Le cinéma comme faux mouvement». En: *L'art du cinéma*, n.° 4.

34 Badiou, Alain. (1994). «Considérations sur l'état actuel du cinéma, et sur les moyens de penser cet état sans avoir à conclure que le cinéma est mort ou mourant». En: *L'art du cinéma*, n.° 24.

35 Badiou, Alain. (2010). *Cinéma*. Paris: Nova Éditions.

36 Rancière, Jacques. (2002). *La fable cinématographique*. Paris: Éditions du Seuil. [ed. en español: *La fábula cinematográfica: reflexiones sobre la ficción en el cine*. Barcelona: Paidós, 2005].

37 Primeros dos volúmenes: Stiegler, Bernard. (1994). *La technique et le temps I: La Faute d'Épiméthée*. Paris: Éditions Galilée; (1996). *La technique et le temps II: La désorientation*. Paris: Éditions Galilée. [ed. en español: *La técnica y el tiempo I: El pecado de Epimeteo./La técnica y el tiempo II: La desorientación*. Hondarribia: Hiru, 2003].

38 Stiegler, Bernard. (2001). *La technique et le temps III: Le temps du cinéma et la question du mal-être*. Paris: Éditions Galilée. [ed. en español: *La técnica y el tiempo III: El tiempo del cine y la cuestión del malestar*. Hondarribia: Hiru, 2004].

39 Cavell, Stanley. (1971). *The World Viewed: Reflections on the Ontology of film*. Cambridge: Harvard University Press. [ed. en español: *El mundo visto. Reflexiones sobre la ontología del cine*. Córdoba: UCO Press, 2017].

40 Falzon, Christopher. (2002). *Philosophy Goes to the Movies*. London: Routledge. [ed. en español: *La filosofía va al cine: una introducción a la filosofía*. Madrid: Tecnos, 2005].

through Film (2002)[41] de Mary Litch o *Cine: 100 años de filosofía* (1999)[42] de Julio Cabrera. Sobre esta metodología reflexionan Patrice Maniglier y Dork Zabunyan:

> Es un hecho, la «cine-filosofía» está de moda. Son incontables ya las publicaciones tanto en francés como en inglés que pretenden pensar con el Cine o filosofar en la imagen. Sin embargo, este entusiasmo es masivamente dominado por una actitud que consiste en buscar en los filmes ilustraciones de tesis filosóficas: encontraremos la caverna de Platón en la «Matriz» de los hermanos [sic] Wachoski (*Matrix*) o el psicoanálisis de Lacan en las angustias de Hitchcock (Maniglier y Zabunyan, 2012: 8).

Como apuntan estos dos autores, podemos observar un gran interés por la unión cine-filosofía hoy en día, que desembocó en la aparición de una extensa bibliografía sobre esta cuestión, especialmente a lo largo de las dos primeras décadas del siglo XXI. No obstante, cabe destacar algunos trabajos que intentan huir de esta búsqueda frenética de la filosofía en el cine y entre los que despuntan *Filmosophy* (2006)[43] de Daniel Frampton, *The Philosophy of motion pictures* (2008)[44] de Noël Carroll o el mucho más reciente *Film as Philosophy* (2017)[45] que edita Bernd Herzogenrath.

La conjunción cine-filosofía se suele abordar desde dos aproximaciones: «qué tiene que decir la filosofía sobre el cine» y su paso inverso, «qué le puede aportar el cine a la filosofía». La primera de ellas implica pensar el cine como un objeto del estudio filosófico y se podría denominar «filosofía del cine». Alvarado puntualiza al respecto:

> [...] la filosofía del cine no se constriñe exclusivamente a problemas de naturaleza estética; su trabajo incluye, como lo revelan las obras de varios filósofos norteamericanos, estudios sobre la ontología de la imagen fílmica, las implicaciones morales del tratamiento visual, la capacidad del lenguaje afectivo para establecer significados no proposicionales, quizá logopáticos, como sugiere Julio Cabrera (Alvarado, 2013: 128).

---

41 Litch, Mary. (2002). *Philosophy through Film*. New York: Routledge.
42 Cabrera, Julio. (1999). *Cine: 100 años de filosofía*. Barcelona: Gedisa.
43 Frampton, Daniel. (2006). *Filmosophy*. Michigan: Wallflower Press.
44 Carroll, Noël. (2008). *The Philosophy of motion pictures*. Oxford: Blackwell.
45 Herzogenrath, Bernd (ed.). (2017). *Film as Philosophy*. Minneapolis: University of Minnesota Press.

La segunda aproximación ha tenido un menor recorrido académico que la primera y es Gilles Deleuze quien dispone su esfuerzo intelectual en responder a la pregunta: ¿qué puede aportar el cine a la filosofía? Más aún, ¿es posible un cine filosófico? El francés explica lo siguiente respecto a dicho encuentro: «La relación entre el cine y la filosofía es la relación entre la imagen y el concepto. Pero el concepto encierra en sí mismo una cierta relación con la imagen, y la imagen comporta una referencia al concepto: por ejemplo, el cine ha intentado siempre construir una imagen del pensamiento» (Deleuze, 1999: 107). Es importante constatar que dependiendo de las diferentes perspectivas desde donde comprendamos qué es la filosofía encontraremos diferentes argumentos posibles en cuanto a las potencias del cine para volverse filosófico. La postura renuente de Chateau revela su visión filosófica basada en el análisis de conceptos como categorías universales, que se contrapone a una visión deleuziana de la filosofía, que se inclina por distinguir la realidad bajo la forma del acontecimiento (Alvarado, 2013: 132 *passim*). En este sentido, Deleuze se sitúa a contracorriente de las dos tendencias[46] dominantes desde la posguerra hasta 1980 en los estudios cinematográficos en Francia: la visión realista, fenomenológica y ontológica de André Bazin —cuya idea del tiempo adopta Deleuze, si bien rechaza su realismo— y la visión de Christian Metz, que sigue una línea semiológica y psicoanalítica —la primera rechazada por Deleuze—. El filósofo parisino explica en una entrevista para *Le Monde* en 1983[47] por qué ha comenzado a escribir sobre cine:

> Lo que me ha llevado a escribir sobre el cine es que, desde hace mucho tiempo, arrastraba una problemática de los signos. La lingüística me parecía incapaz de tratarlos. Llegué al cine porque, al estar hecho de imágenes-movimiento, hace proliferar todo tipo de signos extraños. Me pareció que reclamaba en sí mismo una clasificación de signos que desbordaba por todas partes la lingüística. Y, sin embargo, el cine no ha sido para mí un pretexto o un dominio de aplicación. [...] No he pretendido hacer una filosofía del cine sino considerar al cine por sí mismo mediante una clasificación de los signos (Deleuze, 2008: 200–201).

---

46 Juan Diego Parra Valencia sugiere una tendencia más entre las dominantes: la esquematización lingüística de Pier Paolo Pasolini.

47 Entrevista realizada por Hervé Guibert, publicada en *Le Monde*, 6 de octubre de 1983, pp. 1 y 17.

En su libro *Gilles Deleuze: Cinéma et philoshopie* (2003)[48], Paola Marrati declara que el proyecto de Deleuze consiste, así pues, en «obtener una "esencia" del cine, describir lo que le pertenece como propio, analizar cómo y según qué modelos singulares el cine piensa directamente en las imágenes» (Marrati, 2006: 8). Para ello, Deleuze propone una clasificación de las imágenes fílmicas basada en dos conceptos clave: *imagen-movimiento* e *imagen-tiempo*. La crisis de la forma-acción que se da en el paso de una imagen a otra conduce al filósofo a plantear el problema del quebrantamiento del nexo entre la humanidad y el mundo: «[...] el cine, en sus grandes momentos, no ha dejado de filmar la fe en nuevos modos de existencia a descubrir. A través del cine se perfila un rostro de la modernidad que no es el de la muerte de Dios, sino el de la pérdida del mundo» (Marrati, 2006: 11).

Juan Diego Parra Valencia apunta que «lo cinematográfico siempre ha tenido que apoyarse en disciplinas teóricas que ceden conceptos y métodos para el uso externo, como psicoanálisis o lingüística» (Parra, 2016: 11). Con las publicaciones de *Cinéma 1, L'Image-mouvement* (1983)[49] y *Cinéma 2, L'Image-temps* (1985)[50] se constata la propuesta de Deleuze: es fundamental buscar los conceptos propios del cine y no atribuirle formas ya dadas a través de disciplinas externas a él, como la fenomenología, la lingüística o el psicoanálisis. El filósofo manifiesta al respecto:

> La crítica cinematográfica se encuentra ante un doble escollo: tiene que evitar limitarse a una simple descripción de las películas, pero también debe cuidarse de no aplicar al cine conceptos que le son extraños. La tarea de la crítica es formar conceptos, que evidentemente no están dados de antemano en cuanto tales en las películas, pero que a pesar de ello solo son aplicables al cine, a tal género cinematográfico o a tal película. Conceptos que son propios del cine, pero que solo se pueden formar filosóficamente (Deleuze, 1996: 96).

---

48 Marrati, Paola. (2003). *Gilles Deleuze: Cinéma et philosohpie*. Paris: PUF. [ed. en español: *Gilles Deleuze: Cine y filosofía*. Buenos Aires: Nueva Visión, 2004].

49 Deleuze, Gilles. (1983). *Cinéma 1, L'Image-mouvement*. Paris: Éditions de Minuit. [ed. en español: *La imagen-movimiento: Estudios sobre cine 1*. Barcelona: Paidós, 1984].

50 Deleuze, Gilles. (1985). *Cinéma 2, L'Image-temps*. Paris: Éditions de Minuit. [ed. en español: *La imagen-tiempo: Estudios sobre cine 2*. Barcelona: Paidós, 1987].

Cinéma 1 y *Cinéma 2* darán respuesta a cuestiones como «qué es lo que posee el cine de novedoso» o «con qué características cuenta para ser un rasgo esencial del siglo XX».

Desde su aparición en los años ochenta, los dos volúmenes de cine de Deleuze han seguido interesando a multitud de filósofos y académicos, y aún hoy en día siguen siendo profusamente productivos. Dos estudios aparecidos en el año 2003 se han convertido en obras imprescindibles para los estudiosos del autor, pues desgranan de forma didáctica el pensamiento filosófico de Deleuze respecto al cine. El primero, mencionado anteriormente, se trata de *Gilles Deleuze: Cinéma et philoshophie* de Paola Marrati y el segundo, escrito por Ronald Bogue, se titula *Deleuze on Cinema*[51]. Es necesario recalcar la gran cantidad de estudios realizados en lengua inglesa que aparecen con el nuevo siglo a partir del trabajo esencial de David Norman Rodowick titulado *Gilles Deleuze's Time Machine* (1997)[52] y que abordan enfoques muy diversos. Sin ánimo de ser exhaustivos, destacaríamos *The Brain Is the Screen: Deleuze and the Philosophy of Cinema* (2000)[53] de Gregory Flaxman, *Deleuze. Altered states and film* (2007)[54] de Anna Powell, *Deleuze and the Schizoanalysis of Cinema* (2008)[55] editado por Ian Buchanan y Patricia MacCormack, *Afterimages of Gilles Deleuze Film Philosophy* (2010)[56], editado por D. N. Rodowick o una de las últimas apariciones titulada *Deleuze, Cinema and the Thought of the World* (2018)[57] de Allan James Thomas.

---

51 Bogue, Ronald. (2003). *Deleuze on Cinema*. London: Routledge.
52 Rodowick, David Norman. (1997). *Gilles Deleuze's Time Machine*. Durham: Duke University Press.
53 Flaxman, Gregory. (2000). *The Brain Is the Screen: Deleuze and the Philosophy of Cinema*. Minneapolis: University of Minnesota Press.
54 Powell, Anna. (2007). *Deleuze. Altered states and film*. Edinburgh: Edinburgh University Press.
55 Buchanan, Ian; MacCormack, Patricia. (eds.). (2008). *Deleuze and the Schizoanalysis of cinema*. New York: Continuum International Publishing Group.
56 Rodowick, D. N. (ed.). (2010). *Afterimages of Gilles Deleuze Film Philosophy*. Minneapolis: University of Minnesota Press.
57 Thomas, Allan J. (2018). *Deleuze, Cinema and the Thought of the World*. Edinburgh: Edinburgh University Press.

En lengua española, destacaríamos la novedosa propuesta de Sergi Sánchez: *Hacia una imagen no-tiempo: Deleuze y el cine contemporáneo* (2013)[58]. En dicho estudio, el autor reflexiona sobre las manifestaciones de la imagen-tiempo que pueden encontrarse en el cine actual, desarrollando el nuevo tipo de imagen que asocia con el fenómeno digital: la *imagen no-tiempo*. Es notable cómo los estudios cinematográficos de Deleuze han dado pie a reflexionar sobre la imagen digital. Un estudio que constata la productividad del pensamiento deleuziano en relación con esta nueva clase de imágenes es la tesis doctoral de Timothy Deane-Freeman *The Digital Outside: Deleuzian Film Philosophy and Contemporary Screen Cultures*[59], defendida a finales de 2019. Deane-Freeman concluye su tesis con un análisis de la película de Lynch, *Inland Empire* (2006), que le sirve para describir su tesis principal, the *digital outside*, sobre la que volveremos en el apartado siguiente.

De igual manera, desde la aparición de estos volúmenes también han surgido críticas hacia estos. Cabe destacar el comentario de Gonzalo Aguilar en su libro *Más allá del pueblo. Imágenes, indicios y políticas del cine* (2015)[60]. Aguilar dedica un apartado a comentar los «defectos» de *Estudios sobre cine*, los que se presentan «tan evidentes que es difícil creer que hayan pasado inadvertidos a su autor» (Aguilar, 2015: 14). Este detecta cuatro problemas principales que, en realidad, pueden leerse como decisiones metodológicas, conceptuales e incluso políticas que permiten al filósofo elaborar lo que busca en el cine: «una expresión del pensamiento por imágenes que nace del encuentro de la filosofía con el cine y del concepto con los agregados sensibles del arte» (Aguilar, 2015: 14).

Uno de los problemas que Aguilar encuentra en los mencionados textos de Deleuze es que, pese a la intención del filósofo de evitar escribir una historia del cine, la estructura de sus tomos sobre cine es claramente

---

58 Sánchez, Sergi. (2013). *Hacia una imagen no-tiempo: Deleuze y el cine contemporáneo*. Asturias: Ediciones de la Universidad de Oviedo.
59 Deane-Freeman, Timothy. (2019). *The Digital Outside: Deleuzian Film Philosophy and Contemporary Screen Cultures*. Tesis doctoral. Melbourne: Deakin University.
60 Aguilar, Gonzalo. (2015). *Más allá del pueblo. Imágenes, indicios y políticas del cine*. Buenos Aires: Fondo de Cultura Económica.

cronológica y el orden sincrónico de la tabla de Mendeléiev que utiliza para explicar su organización parece subordinado al despliegue diacrónico (Aguilar, 2015: 15 *passim*). Sin embargo, el autor concluye alabando a Deleuze y justifica los problemas que plantea anteriormente:

> Clasificación por autores, división tajante entre el periodo clásico y el moderno, ordenamiento que vacila entre lo diacrónico y lo sincrónico y armonía del conjunto son, entonces, esos aspectos problemáticos que, de todos modos, resultan ser consecuencias necesarias de lo que Deleuze entiende por crítica de cine y que, paradójicamente, permiten a la vez todo lo que su libro tiene de intenso, asombroso, lúcido y necesario. Los «defectos», que pueden ser señalados desde una posición exterior a su planteo, encuentran, en el desarrollo de la argumentación, su propia positividad (Aguilar, 2015: 15)[61].

2.2.1 La imagen-tiempo y la imagen-movimiento

La principal novedad del cine es el movimiento de las imágenes, por lo que el problema de partida de Deleuze consiste en hallar la especificidad de dicho movimiento en las imágenes cinematográficas, su diferencia o su naturaleza propia: «El cine no es un sistema que reproduce "el movimiento en general", sino un sistema que reproduce el movimiento "en función de instantes equidistantes elegidos de tal modo que den impresión de continuidad"» (citado en Marrati, 2006: 15).

Junto con los estudios astronómicos de Kepler y la física de Galileo se instaura una concepción analítica del movimiento que atrae la atención de Bergson desde sus primeras obras, que son clave para el desarrollo de los estudios de Deleuze. Partiendo de la base de que el cine consta de una serie de imágenes que se animan con un movimiento que es exterior a ellas, se puede concluir que lo que nos muestran es una mera ilusión de movimiento. Según Bergson: «La operación del cine es así doblemente artificial: en lugar de captar los movimientos en el momento en el que se hacen, se contenta con tomas inmóviles de las que extrae enseguida, gracias al aparato, un movimiento impersonal y abstracto, "el movimiento en general"» (citado en Marrati, 2006: 16). Con todo ello, Bergson se percata de que dicha artificialidad es una característica que el cine comparte con la filosofía y

---

61 En el mismo libro, Aguilar realiza una crítica a Deleuze en la que habla del cine del Tercer Mundo. Ver el apartado: «La división tajante».

con el lenguaje; en definitiva, el mecanismo cinematográfico coincide con el mecanismo del pensamiento. Si en el cine solo se encuentra falso movimiento, se vuelve imprescindible encontrar las características del verdadero. Siguiendo el pensamiento bergsoniano, Marrati explica la naturaleza de los fotogramas como «cortes inmóviles» extraídos del movimiento real que desfilan a lo largo de un tiempo abstracto que se descompone y recompone artificialmente dentro del aparato de proyección (Marrati, 2006: 19 *passim*). Sin embargo, es aquí donde Deleuze se aleja de Bergson, pues dado que su objetivo es localizar la especificidad de dicho movimiento no podrá considerarlo como un «falso movimiento» o ilusión. La concepción del movimiento como un corte móvil del tiempo le permite a Deleuze crear conexiones entre movimiento e imagen, creando así la idea de imágenes-movimiento. No es el objetivo de esta investigación detenerse en la naturaleza de dichas imágenes, pero sí resulta imprescindible mencionar que en su universo se presentan las imágenes-percepción, las imágenes-acción y las imágenes-afección.

Conviene aclarar que, siguiendo un modelo de reducción del tiempo a un modelo espacial, tal y como lo planteaban tanto la metafísica antigua como la física moderna, el cine perpetuaría «la ilusión de que la sucesión temporal no es sino el desarrollo de una yuxtaposición espacial [...] [animándonos] a creer que el tiempo no es sino la puesta en movimiento artificial de un todo que ya estaría dado» (Marrati, 2006: 22). Según Deleuze —y también Bergson—, estas disciplinas ignoran una dimensión imprescindible del tiempo: su potencia de creación.

El suicidio de Edmund en el film *Germania anno zero* (*Alemania año cero*. Roberto Rossellini, 1948) y la posguerra le sirven al filósofo como división temporal e histórica entre el cine clásico y el cine moderno. La guerra es la causante de la crisis que sufre la imagen-movimiento, una mutación más importante que la aparición del cine sonoro. Deleuze comenta:

> ¿Por qué la guerra hizo posible esta inversión, esta emergencia de un cine del tiempo, con Welles, con el neorrealismo, con la *nouvelle vague*? [...] Quizá todo se deriva de una explosión del esquema senso-motriz: la profunda crisis de este esquema, que hasta entonces había encadenado las percepciones, las afecciones y las acciones, produce un cambio en el régimen general de la imagen (Deleuze, 2008: 246).

Dicho esquema senso-motriz consiste en la percepción de un sentimiento por parte de un personaje y su posterior respuesta con una acción. Sin embargo, los personajes después de la posguerra experimentan situaciones que superan su capacidad de reacción, como se puede observar en el caso del niño de *Germania anno zero* o en el de la protagonista burguesa de *Europa '51* (Roberto Rossellini, 1952). Pardo comenta al respecto:

> De esa aparente impotencia, el cine extrae una nueva fuerza: la creación de perceptos puros, de sonidos y visiones puras que se independizan de sus supuestos sujetos. Del mismo modo, la imposibilidad de vivir, de respirar, la cruel necesidad de lo real es el límite del que Deleuze intenta extraer los conceptos capaces de responder a lo irrespirable, posibilidades de vida para el pensamiento, el concepto como liberación de vida (Pardo, 2014: 312).

Según Deleuze, lo que le sucedió al cine se trata de un punto de inflexión sin retorno y se hace evidente la emergencia de un nuevo tipo de imágenes. Después de la pérdida de la fe en la historia, es el tiempo mismo el que, en lugar de esta, se mostrará claramente en la imagen: «Si el proyecto mismo de una clasificación de las imágenes [...] es posible para Deleuze, no es sino a posteriori del cine del tiempo y de la crisis de la imagen-acción. Sólo a partir de una concepción quebrada de la historia universal, la taxonomía deleuziana de las imágenes se vuelve pensable» (Marrati, 2006: 71–72).

A propósito de la imagen-tiempo, el filósofo habla de un tiempo que ya no se deriva del movimiento, sino que se manifiesta en sí mismo. En el cine moderno «las imágenes ya no se encadenan mediante cortes y empalmes racionales, sino que se reencadenan mediante empalmes falsos y cortes irracionales. Incluso el cuerpo deja de ser el móvil, el sujeto del movimiento y el instrumento de la acción, para convertirse más bien en un revelador del tiempo» (Deleuze, 2008: 319). En «D'une image à l'autre? Deleuze et les âges du cinéma» (2001)[62], Rancière comenta precisamente en relación a la imagen-tiempo:

> [esta] se caracterizaría por una ruptura de esa lógica, por la aparición —ejemplar en Rossellini— de situaciones ópticas y sonoras puras que ya no se transforman en acciones. A partir de ahí se constituiría —ejemplarmente en Welles— la lógica de la imagen-cristal, donde la imagen actual ya no encadena con otra imagen actual sino con su propia imagen virtual. Cada imagen se separa entonces del resto para abrirse a su propia infinidad. Y lo que ahora se propone como enlace

---

62 Capítulo dentro del libro *La fable cinématographique* (2001).

es la ausencia de enlace; el intersticio entre imágenes es lo que gobierna, en lugar del encadenamiento sensoriomotor, un reencadenamiento a partir del vacío (Rancière, 2017).

De este modo, la imagen-cristal constituye para Deleuze la indiscernibilidad y reversibilidad entre lo actual y lo virtual, sin que las últimas lleguen a confundirse. En este punto es necesario aclarar que la imagen-tiempo se libra de la sucesión empírica pasado-presente-futuro. Deleuze habla de una coexistencia de niveles de duración distintos, pues el pasado consiste en una serie de capas que coexisten de forma no cronológica: «[...] lo vemos en Welles con su poderosa intuición de la tierra, y luego en Resnais, con esos personajes que vuelven del país de los muertos» (Deleuze, 2008: 318). En definitiva, las imágenes-tiempo resultan de la conexión y comparación de las imágenes-movimiento entre ellas y será el montaje lo que determine dicho encadenamiento. Deleuze pone de ejemplo a Tarkovski como uno de los más importantes teóricos del cine de la imagen-tiempo y serán la interpretación de Bazin sobre el neorrealismo italiano y este mismo quienes acabarán por ejecutar un verdadero cine del tiempo. Deleuze finaliza su prólogo a la edición americana[63] de *L'image-mouvement* de la siguiente manera:

> En todos estos respectos, no basta con confrontar a los grandes autores del cine con los pintores, los arquitectos o incluso los músicos, sino que también hay que confrontarlos con los pensadores. A menudo se habla de una crisis del cine, sometido a la presión de la televisión, primero, y después de la imagen electrónica. Pero las capacidades creadoras de estas últimas son ya inseparables de cuanto les han aportado los grandes autores del cine. Un poco a la manera de Varese en música, reclaman los nuevos medios y materiales que el porvenir ha hecho posibles (Deleuze, 2008: 246).

El filósofo constata la potencialidad creadora que comparten el pensamiento y el cine y se muestra optimista en cuanto al futuro de este último. Hasta aquí hemos visto una síntesis de la filosofía de Gilles Deleuze y lo que expone con *L'image-mouvement* y la ruptura que desemboca en *L'image-temps*. En los capítulos siguientes se podrá ver cómo su pensamiento se ha estudiado en conjunto con la obra cinematográfica de David Lynch, además de nuestra propuesta al respecto.

---

63 «Preface to the English edition». En: Deleuze, Gilles. (1986). *Cinema 1: The Mouvement-Image*. Minneapolis: University of Minnesota Press.

3. Aproximación a David Lynch

3.1 Artista renacentista posmoderno

A diferencia de muchos de sus contemporáneos, David Lynch no es un director de cine con una extensa educación cinematográfica, ni es de los que han apostado por escalar en la industria del cine comercial hollywoodiense; Lynch es simplemente un estudiante de arte que hizo a sus pinturas moverse. Considerado como «la máxima representación del artista renacentista contemporáneo» (Casas, 2007: 12), Lynch encarna la figura de artista total y polifacético donde el cine no es sino una más de sus múltiples pasiones. Quim Casas reflexiona sobre una homogeneidad absoluta tanto en su cine como en su obra pictórica, trabajando siempre sobre una misma idea:

> [...] transgredir la normalidad a partir de abstracciones y laberintos narrativos cuyos puntos de partida acostumbran a resultar extremadamente sencillos. Lynch crea una poética personal de la complicación barajando por igual elementos surrealistas, referencias a la cultura y a la iconografía pop de los años 50 y 60, atmósferas de cine negro, personajes de *sitcom* convencional, escenografías industriales, escenarios llameantes, paisajes eléctricos y bucles narrativos sin aparente fin (Casas, 2007: 12).

Este texto sintetiza de manera muy clara las influencias y preocupaciones que se muestran a lo largo de toda su trayectoria. Sin embargo, es necesario mirar hacia las condiciones histórico-culturales donde se enmarcan sus obras para poder tener una visión más completa sobre ellas. No es fácil enmarcar el trabajo de Lynch en un periodo, una corriente o un género concreto, aunque muchos de los recientes estudios tienden a situar las complejidades de su producción cinematográfica en el marco de la posmodernidad —siendo una postura por otros criticada—. Sin embargo, todos apuntan hacia una descripción más compleja de los contextos e intertextos culturales en los cuales se ha situado su trabajo (Sheen y Davison, 2004: 3 *passim*).

Enfrentarse al término «posmoderno» puede ser algo incómodo e insatisfactorio. Localizado por diversos autores en diferentes puntos del tiempo y el espacio de la historia, muchos de ellos identifican su origen en el libro *Learning from Las Vegas* (1972)[64] de Robert Venturi o en *La condition*

---

64 Venturi, R.; Scott Brown, Denise; Izenour, Steven. (1972). *Learning from Las Vegas: The Forgotten Symbolism of Architectural Form.* Cambridge, Mass., and

postmoderne: rapport sur le savoir (1979)[65] de Jean-François Lyotard. Sin embargo, otros como Anna Maria Guasch ubican el punto de inflexión respecto a la modernidad en el año 1968, planteando una primera posmodernidad artística de 1980 a 1985 y una segunda de 1985 a 1990[66]. Hay que tener en cuenta la perspectiva desde donde se estudia este término, pues no encontraremos una generalizada unanimidad desde la historia, el arte o el cine. No obstante, el historiador Perry Anderson sitúa el origen de la idea de posmodernismo en el mundo hispano de los años treinta del s. XX:

> Fue un amigo de Unamuno y Ortega, Federico de Onís, quien introdujo el término "posmodernismo". Lo empleaba para describir el reflujo conservador dentro del propio modernismo, que ante el formidable desafío lírico de este se refugiaba en un discreto perfeccionismo del detalle y del humor irónico, cuyo rasgo más original fueron las nuevas posibilidades de expresión auténtica que ofrecía a las mujeres (Anderson, 2016: 8).

Concebido generalmente como una era más que como un movimiento teórico, es frecuentemente relacionado con el posestructuralismo. Este último se preocupa más de puntuar los problemas del modernismo y construir una crítica teórica sobre ello mientras que el posmodernismo se percibe más como una condición histórica en contraposición al modernismo (Hayward, 2000: 275 *passim*).

En su ya clásica recopilación sobre este tema, Hal Foster comienza por preguntarse si existe el llamado posmodernismo y, en caso afirmativo, qué significa. El autor propone considerar el término como un conflicto, tanto de modos nuevos y antiguos como de modos culturales y económicos, ya que la manera de concebirlo es esencial para entender la forma en la que representamos presente y pasado —qué aspectos recalcamos y cuáles no—. En la política cultural de 1983, momento en el que surgió esta recopilación, era posible observar una clara oposición entre dos visiones en cuanto al tema: un posmodernismo de resistencia y otro de reacción. Para Jameson

---

London: The MIT Press. [ed. en español: *Aprendiendo de Las Vegas. El simbolismo olvidado de la forma arquitectónica*. Barcelona: Gustavo Gili, 1978].

65 Lyotard, Jean-François. (1979). *La condition postmoderne: rapport sur le savoir*. Paris: Les Éditions de Minuit. [ed. en español: *La condición posmoderna. Informe sobre el saber*. Madrid: Cátedra, 1987].

66 Ver: Guasch, Anna María. (2000). *El arte último del siglo XX: Del posminimalismo a lo multicultural*. Madrid: Alianza.

y Baudrillard, el momento posmoderno se concebiría como una particularización de un modo nuevo, «esquizofrénico», de espacio y tiempo. Sin embargo, Craig Owens lo considerará una crisis de la representación occidental, «de su autoridad y sus afirmaciones universales, una crisis anunciada por discursos hasta ahora marginados o reprimidos, el más significativo de los cuales es el feminismo» (Foster, 2015:14).

Ya en 1982, cuando Fredric Jameson ofreció una charla en el Whitney Museum de Nueva York, anunciaba que el concepto de posmodernismo no era aceptado —ni siquiera comprendido— por todo el mundo en ese momento. Este hecho pudo deberse, según el autor, a un amplio desconocimiento sobre las obras artísticas que comprendía, que pudo encontrarse en todas las facetas del arte. Desde The Clash a las novelas de William Burroughs, desde la vanguardia de Godard hasta las nuevas películas comerciales o de ficción; todas estas producciones culturales entran en las variedades de lo que puede llamarse posmodernismo. De hecho, el aspecto más inquietante de este concepto son los difusos límites entre la antigua concepción de cultura superior y cultura de masas. Podría hablarse entonces de una multiplicidad de posmodernismos, los cuáles «ya no "citan" [grandes] "textos" como podrían haber hecho un Joyce o un Mahler; los incorporan, hasta el punto donde parece cada vez más difícil de trazar la línea entre el arte superior y las formas comerciales» (Jameson, 2015:167).

Hal Foster nos advierte del peligro que existe en usar o no apropiadamente este concepto, pues para él no es simplemente una palabra que describa un estilo, sino un concepto periodizador que relaciona el surgimiento de nuevas características formales en la cultura con la simultánea emergencia de un nuevo orden económico y social (lo que comúnmente se conoce como sociedad postindustrial o de consumo). «El modo más seguro de comprender el concepto de lo posmoderno es considerarlo como un intento de pensar históricamente el presente en una época que ha olvidado cómo se piensa históricamente»: así comienza el célebre ensayo de Jameson. Esta época de la que habla se relaciona estrechamente con el surgimiento de este capitalismo tardío, de consumo o multinacional que da nombre a dicho ensayo (*Postmodernism or the Cultural Logic of Late Capitalism*)[67].

---

67 Jameson, Fredric. (1984). *Postmodernism or the Cultural Logic of Late Capitalism*. Oxford: New Left Review Ltd. [ed. en español: *El posmodernismo o la lógica cultural del capitalismo avanzado*. Barcelona: Paidós, 1991].

Se trata de una época marcada por la desaparición de un sentido de la historia, que empezó a perder la facultad de conservar su propio pasado y cuyo *ahora* se convirtió en un presente perpetuo —pero en transformación constante—. Como recuerda Foster, sería difícil concebir el posmodernismo sin el estructuralismo ni el posestructuralismo, atestiguando la importancia de Foucault, Jacques Derrida o Roland Barthes.

Jameson propone dos ejemplos de prácticas artísticas que se originan en esta época: la arquitectura historicista y la «película nostálgica», constituyendo esta última su mejor ilustración. Sin embargo, hay que puntualizar que en ocasiones estos ejemplos se sostienen sobre descripciones resbaladizas, dificultando enormemente su apreciación. «Uno puede también observar que Jameson no consigue citar ningún ejemplo concreto de cómo puede realmente reforzar una obra de arte posmoderna la lógica cultural del capitalismo tardío» (citado en Murcia, 2010: 232). Encontramos en *Postmodernism or the Cultural Logic of Late Capitalism* que su autor se limita a plantear dos únicas características de esta época posmoderna, a las que llama *pastiche y esquizofrenia,* y las cuales nos darán la oportunidad de «percibir la especificidad de la experiencia posmodernista del espacio y el tiempo respectivamente» (Jameson, 2015:168).

El pastiche produce infinidad de imágenes vacías, intentando representar el pasado en un presente que parece incapaz de generar las suyas propias. Y el cine, como apunta Nacho Duque en su libro *De la soledad a la utopía. Fredric Jameson, intérprete de la cultura posmoderna*[68], ha generado los pastiches, si no más importantes, los de mayor difusión, como no podría ser de otra manera en un mundo invadido por la imagen. Previamente hablaríamos del pastiche arquitectónico que ejemplifica Las Vegas.

Es fundamental mencionar un libro posterior de Jameson, *The Geopolitical Aesthetic: Cinema and Space in the World System* (1992)[69], donde analiza la representación fílmica en el mundo posmoderno ofreciéndonos ejemplos de Jean-Luc Godard, Edward Yang o Aleksandr Sokurov.

---

68 Duque, Nacho. (2012). *De la soledad a la utopía. Fredric Jameson, intérprete de la cultura posmoderna*. Zaragoza: PUF.

69 Jameson, Fredric. (1992). *The Geopolitical Aesthetic: Cinema and Space in the World System*. Bloomington: Indiana University Press. [ed. en español: *La estética geopolítica: cine y espacio en el sistema mundial*. Barcelona: Paidós, 1995].

Asimismo, en los años noventa[70] aparecen otros libros sobre cine y posmo-dernidad como *Images of Postmodern Society. Social Theory and Contem-porary Cinema* (1991) de Norman K. Denzin, *Window Shopping, Cinema and the Postmodern* (1993) de Anne Friedberg, *L'écran post-moderne* (1996) de Laurent Jullier o *Ludici disincanti. Forme e strategie del cinema postmoderno* (1997) de Alberto Negri.

José Antonio Pérez Bowie en su libro *Leer el cine. La teoría literaria en la teoría cinematográfica* nos brinda una definición del cine posmoderno con tintes pesimistas pero que resume muy acertadamente las características principales de este:

> Así, cabe definir al cine posmoderno como un «cine de alusión» (expresión de Noël Carroll) que opera con espectadores a los que se supone conocimientos de la historia del cine: se juega a combinar las referencias más heterogéneas ali-mentando el narcisismo del espectador «no tanto a través de una identificación secundaria con los personajes a la vieja usanza sino mediante el despliegue del capital cultural, un despliegue posibilitado por el reconocimiento de las referen-cias». Para Stam, este cine «replicante», «de combinación» acompaña con su falta de originalidad al declive de las utopías y «en una era de remakes, secuelas y reciclajes nos sumergimos en el reino de lo que ya se ha dicho, ya se ha leído y ya se ha visto» (Pérez, 2008:161).

La esencia de lo posmoderno, además de su carácter alusivo, es la irreve-rencia hacia la historia y aquí se encuentra el dilema de Lynch; construye su obra al margen de los gustos e inclinaciones de su tiempo, pero a la vez tiene que vivir en él. El cliché y la parodia son los medios que utiliza para expresar su anhelo por la estabilidad y estructura de tiempos pasados y elementos como la alteración de la estructura temporal clásica, una visión nostálgica del pasado o la mezcla de géneros son algunos ejemplos que aparecen en sus films, así como «la moralidad propia del cine posmo-derno —relativización, distanciamiento sin tapujos—, el protagonismo de lo cotidiano (…) o del metalingüismo en películas como *Inland Empire* (2006)» (Cortés, 2015: 8). Y si, como mencionamos anteriormente, una de las características distintivas del posmodernismo es la fragmentación del

---

70 Las discusiones sobre cine y posmodernidad podemos encontrarlas mucho antes
    en artículos de la revista *Screen* (por ejemplo, en el vol. 28, n.º 2 llamado
    «Postmodern Screen» de 1987) o en libros de Virilio como *La estética de la
    desaparición* (1988) o *La máquina de la visión* (1989).

tiempo en una serie de presentes perpetuos, entonces la figura de Ronald Reagan sería el primer presente posmoderno de Estados Unidos (Rombes, 2004: 67 *passim*), el primer presidente salido de Hollywood que emerge de la industria del entretenimiento, o de la «sociedad del espectáculo» del profeta Debord.

David Lynch, un niño nacido en 1946 que se crio en los cincuenta en Missoula, Montana, (Estados Unidos) fue claramente influenciado por los estilos y las convenciones de la época. Sus propias experiencias sumadas a una visión de la nostalgia idealizada del clima político conservador de la década fueron los ingredientes perfectos para que naciese una película como *Terciopelo Azul* (*Blue Velvet*, 1986). Es importante tener en cuenta cuál era el fundamento de la cultura y los sistemas de valores de la década de 1950 y los medios de comunicación de la época, que representaban los ideales de esta. Principalmente la televisión y la música (los cincuenta son la época del *rock 'n' roll*) —además del cine— fueron claves en la formación cultural y social de los jóvenes del momento. Como explica Johnson, películas como *Solo ante el peligro* (*High Noon*. Fred Zinnemann, 1952) ejemplificaron el miedo al comunismo en un western revisionista y *Sierra Nevada* (*Cattle Queen of Montana*. Allan Dwan, 1954), protagonizada por Reagan, mostró el miedo a los nativos americanos (Johnson, 2019 *passim*). El periodo conservador de Hollywood disminuyó drásticamente en cuanto el Código Hays[71] se volvió obsoleto. Comenzaron a tratarse temas cada vez más controvertidos y al llegar la década de los setenta el cine se había transformado completamente. Películas como *La semilla del diablo* (*Rosemary's Baby*. Roman Polanski, 1968) describieron el satanismo y convirtieron la idea de la familia nuclear estadounidense en una pesadilla u otros ejemplos de la década como *El graduado* (*The Graduate*. Mike Nichols, 1967), *Bonnie y Clyde* (*Bonnie & Clyde*. Arthur Penn, 1967) o *Easy Rider. Buscando mi destino* (*Easy Rider*. Dennis Hopper, 1969) etc. Un poco más tarde se encuentra el trabajo de John Waters, más bien marginal, dentro del panorama hollywoodiense, como por ejemplo con *Pink Flamingos* (1972) y *Cosa de hembras* (*Female Trouble*, 1974), que describieron eventos bastante

---

71 El Código Hays fue una ley de producción cinematográfica establecida en los Estados Unidos en 1930 —aunque aplicada de 1934 a 1967 —que determinaba a través de una serie de reglas qué podía mostrarse en pantalla y qué no.

chocantes e introdujeron ideas detonantes sobre el género (Johnson, 2019 *passim*).

A mediados de los años ochenta comenzó un periodo en el que el cine estadounidense se adentró en la exploración de los aspectos más oscuros de la condición humana; como explica John Alexander en *The films of David Lynch* (1993), no se produjeron tantas películas desde el periodo *noir* de los años cuarenta y cincuenta que tratasen temas atribuidos al Romanticismo Americano. En el mismo año del estreno de *Terciopelo Azul*, 1986, aparecieron películas como *Instinto Sádico* (*River's Edge*. Tim Hunter —el cual dirigió algunos episodios de *Twin Peaks*) o *Simplemente Sangre* (*Blood Simple*. Joel y Ethan Coen), «and a plethora of films in which death, and death in the guise of the feminine, predominate» (Alexander, 1993: 14). Sin embargo, previamente el cine independiente estadounidense —donde se ubica a menudo a David Lynch— no había trabajado tanto en torno a la violencia como lo hicieron los grandes estudios. Rodley apunta a este respecto:

> *Corazón Salvaje* prefiguró un giro por parte del sector independiente hacia un cine más brutal y visceral, que habría de culminar en *Reservoir Dogs* (Quentin Tarantino, 1993). Todo esto era sintomático de un sentimiento extendido por todo el país, que se expresó de manera radical en Hollywood con los disturbios de L.A. ocurridos en mayo de 1992[72] (Rodley, 2017: 223).

Asimismo, en la década de los ochenta los estadounidenses eligieron presidente a un hombre que abogaba por el regreso a una época anterior, más conservadora. Él mismo, estrella de cine en los cincuenta, encarnaba una era a la que se anhelaba volver y David Lynch supo mostrar en varios de sus trabajos las inquietudes sexuales y psicológicas de la vida en Norteamérica llevando las convenciones representativas de la vida estadounidense en el cine a su extremo. *Terciopelo Azul* es un claro ejemplo de esto último, pues

---

72 Los disturbios de Los Ángeles de 1992, también conocidos por la revuelta de Rodney King, comenzaron el 29 de abril de ese mismo año cuando un jurado — formado mayoritariamente por ciudadanos y ciudadanas blancas— absolvió a cuatro policías que fueron grabados mientras agredían brutalmente al taxista afroamericano Rodney King. Al conocerse el veredicto comenzaron las revueltas, las cuales duraron varios días y en las que perdieron la vida entre 50 y 60 personas.

presenta una visión idílica de Estados Unidos en contraste con el sadismo y la violencia que la singularizan. Es evidente que responde a un momento muy específico en la historia cultural y cinematográfica estadounidense, pues fue una respuesta a estos discursos predominantes en un periodo de prosperidad económica y segregación racial que permitió a la clase alta y media blanca la ilusión de una sociedad perfecta (Johnson, 2019 *passim*). No es casual en este caso que Jameson decida escoger *Terciopelo Azul* como el paradigma de película nostálgica posmoderna.

Es interesante la manera en que Arthur P. Dudden en su artículo «Nostalgia and the American» de 1961 explica cómo en la sociedad norteamericana se hallaba implícita en la idea de progreso una profunda corriente de nostalgia. De hecho, a lo largo de la historia del pueblo estadounidense, podemos encontrar ciertas pistas sobre la esencia de un pasado que custodia un anhelo profundamente arraigado, sincero y romántico por el ayer que se fue pero que nunca se olvidará. Un pesimismo romántico caracterizará el estado de ánimo de esta nostalgia, opuesto a lo que el antropólogo Clyde Kluckhohn llamó «optimismo romántico» de la fe en el progreso. El primero tendrá preferencia hacia las cosas como alguna vez fueron, o más importante aún, hacia las cosas como se cree que han sido (aquí es importante apuntar que la nostalgia implica una insatisfacción con las circunstancias del momento, y muy probablemente también hacia las tendencias que conducen al futuro). Tanto la creencia en el progreso como la desesperación de la nostalgia reflejaban la opinión y comprensión de los acontecimientos temporales de la época y los obsesionados por la atracción hacia la historia pasada de la nostalgia prefirieron sus imágenes recogidas del pasado a las profecías sobre el futuro. Cada una de las posturas entendió el presente histórico como una etapa transitoria entre pasado y futuro, pesimista u optimista en la medida en que determinó la situación o el estado de ánimo de cada sujeto individual. Dudden apunta que la nostalgia parecería tener una función única en Estados Unidos, pues allí ha sido tanto un estado de ánimo psicológico para segmentos importantes de la sociedad como también una característica de la resistencia conservadora al cambio. Con todo ello, podemos afirmar que las ilustraciones de anhelos nostálgicos abundan en la historia cultural de los Estados Unidos, y esta tendencia se vio propulsada inmediatamente por la industria del cine. Perry Anderson dice al respecto:

Si el cine posmoderno que había aparecido desde entonces estaba marcado por las compulsiones de la nostalgia, la suerte de la imagen en movimiento durante este periodo en modo alguno se limitaba a eso. Parecía, en efecto, más probable que el vídeo se convirtiera en el medio específicamente posmoderno, sea en las formas dominantes de la televisión comercial, donde el entretenimiento y la publicidad se habían prácticamente fundido en uno, sea en las prácticas opositoras del vídeo *underground* (Anderson, 2016: 65–66).

Aunque no todas las producciones cinematográficas de Lynch encajen en la definición de cine posmoderno (teniendo en cuenta lo difuso del término), muchas de ellas sí lo hacen, sobre todo a partir de *Terciopelo Azul*. El mismo productor de esta última (Dino de Laurentiis) produce dos años antes *Dune* (1984), conocido fracaso que costó alrededor de cuarenta millones de dólares. Adaptación de la novela homónima de Frank Herbert y publicada a mitad de los años sesenta, *Dune* se convierte en la primera y última superproducción de Lynch —aunque nunca la reconoció como obra enteramente suya—. Erica Sheen comenta que *Dune* sería la película de Lynch más obvia sobre la que hacer una lectura posmoderna, y recalca la importancia de los efectos especiales como uno de los sellos de identidad del cine posmoderno:

Special effect is the hallmark of postmodern cinema. Taking his cue from Jean Baudrillard, Fredric Jameson and Paul Virilio, Sean Cubitt describes it as a process of loss that exemplifies the death of reality and its replacement by the hyperreal, a "crisis of signification" by which representation becomes detached from external references and confronts us instead with the spectacle of the image: "we confront in the special effect... not representation but its obverse: the sublime" (Sheen, 2004: 35).

Con los efectos especiales nos enfrentamos a una realidad —o hiperrealidad— que se desprende de toda referencia externa y nos enfrenta cara a cara con el «espectáculo» de la imagen. A. J. Navarro califica *Corazón Salvaje* (*Wild at Heart*, 1990) y *Carretera Perdida* (*Lost Highway*, 1997) cómo films con «un aspecto posmoderno trivial y muy *cool*, destinado a deslumbrar, a intrigar, a aquellos espectadores contemporáneos menos afines a los territorios, siempre malditos, de lo fantástico, de lo sombrío» (Navarro, 2006: 15). *Una historia verdadera* (*The Straight Story*, 1999) ejemplifica la obsesión de Lynch con el poder de evocación que posee la carretera. Sin embargo, es una obsesión que se puede observar mucho antes en su filmografía, ya desde *Terciopelo Azul*. Aunque a finales de los años noventa encontramos

otras películas que se interesan en evidenciar la conexión de la carretera
con la condición posmoderna, como *Giro al infierno* (*U-Turn*. Oliver Stone,
1997), *Buffalo '66* (Vincent Gallo, 1998) o *El final de la violencia* (*The End
of Violence*. Wim Wenders, 1997), Devin Orgeron sugiere que *Una historia
verdadera* no se recrea en la condición posmoderna, más bien sugiere un
regreso a lo premoderno. Para el autor de «Revising the Postmodern American Road Movie: David Lynch's *The Straight Story*», esta película sería
la crítica más articulada y menos ambigua de Lynch a la posmodernidad
hasta la fecha. Producciones tan dispares como la serie de televisión *Twin
Peaks* (codirigida junto a Mark Frost) o la digital *Inland Empire* han sido
categorizadas dentro de esta era, sin embargo, es complicado delinear los
límites de esta teniendo en cuenta la problemática que conlleva el término.
Nicholas Rombes apunta en «Blue Velvet: David Lynch's Post-Punk Poe-
tics» que *Mulholland Drive* sería el film de Lynch que advierte la crisis de
la posmodernidad, era que comienza simbólicamente con los atentados
del «11S»:

> [...] it is strangely fitting that *Mulholland Drive* opened in the USA in October
> 2001, the month after the terrorist attacks in New York City and Washington,
> DC. Although it is easy now to mock those who declared 'the end of irony' in
> the wake of the attacks, *Mulholland Drive's* fevered but sincere dream-logic is in
> many ways open to this fresh, after-postmodern era, an era symbolically born in
> the destruction of 9/11. Dependent upon audiences' willingness to deconstruct
> the mythologies of identity in a land so saturated with the fictions of Hollywood,
> in many ways *Mulholland Drive* addresses and points beyond the crisis of post-
> modernity articulated by Wallace and others: how to recover sincerity without
> losing the critical edge that irony provides (Rombes, 2004:75).

Lynch reconoce en este film el caos de las contradicciones que colaboran
en la construcción de la identidad del sujeto, las cuales, según Rombes, son
promesas que el arte de David Lynch cumple.

El fin del posmodernismo puede que sea tan difuso como sus comienzos,
pero muchos teóricos y teóricas coincidirán en que su conclusión dará paso
a la era de lo global. En el año 2009, Nicolas Bourriaud plantea la muerte
de la posmodernidad en la exposición *Altermodern* en la Tate de Londres,
la cual exploraba qué sucedía dentro del mundo del arte en ese momento:

> Many signs suggest that the historical period defined by postmodernism is coming
> to an end: multiculturalism and the discourse of identity is being overtaken by
> a planetary movement of creolisation; cultural relativism and deconstruction,

substituted for modernist universalism, give us no weapons against the twofold threat of uniformity and mass culture and traditionalist, far-right, withdrawal. [...] The Tate Triennial 2009 presents itself as a collective discussion around this hypothesis of the end of postmodernism, and the emergence of a global altermodernity (Bourriaud, 2009).

Junto al término «altermodernidad» que propone Bourriaud para calificar este periodo posposmoderno, encontramos la «hipermodernidad» en Lipotevsky, la «automodernidad» en Robert Samuels o la «metamodernidad» en Vermeulen y Van den Akker. A pesar de los difusos límites y las controvertidas opiniones que definen la era posmoderna es cierto que existe una tendencia a enmarcar la mayoría de trabajos[73] de David Lynch dentro de esta. Es de sobra conocido que no es un autor que teorice sobre su obra o sobre el cine en general, y una de las pocas referencias explícitas al posmodernismo que podemos encontrar en su obra es la serie de fotografías *Post-Modern Mood Structures* realizada en 1988.

El director es conocido por oponerse a la interpretación de sus obras, tanto cinematográficas como de cualquier otro tipo. Sin embargo, los estudios en torno a su trabajo son cada vez más abundantes. Desde finales de los años sesenta del siglo pasado, los *Cinema Studies* comenzaron a institucionalizarse convirtiéndose en materia de estudio dentro de las universidades, particularmente en Gran Bretaña y Estados Unidos. Fue en esta década donde cabe mencionar la gran influencia de la revista *Screen*[74], que comenzó a introducir perspectivas semióticas, psicoanalíticas e ideológicas en el análisis del film. La teoría cinematográfica importó conceptos de muchas otras disciplinas como la antropología, la teoría literaria, la lingüística o los estudios de género. Dominique Chateau considera que a finales de los años ochenta los estudios cinematográficos sufrieron un «giro estético», coincidiendo con la aparición de «algunos libros que reivindicaban

---

73 En este trabajo solo se contemplarán los largometrajes del director, dejando fuera del análisis la extensa producción de mediometrajes, cortometrajes y trabajos para televisión.

74 La revista *Screen* es una publicación académica sobre estudios de cine y televisión publicada desde la Universidad de Glasgow. Nació en 1952 dentro de otra revista perteneciente a la Society of Film Teachers. En ella aparecieron importantes artículos como «Visual Pleasure and Narrative Cinema» (1975) de Laura Mulvey.

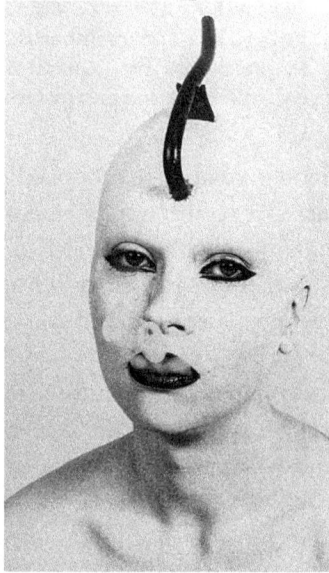

Figs. 1 y 2 : Fotografías de la serie *Post-Modern Mood Structures* en el libro *Images* (1994). Fuente: Lynch, David. (1994). *Images*. Nueva York: Hiperion Books. Pp.134/136–137

de manera más o menos formal la estética o la filosofía como base o como horizonte» para los mismos, como los estudios sobre cine de Gilles Deleuze (Chateau, 2010: 9).

Antes de los años noventa solo existían artículos sobre el cine de Lynch en revistas especializadas y publicaciones de menor relevancia, pero a partir de esa misma década han aparecido tanto conferencias como incontables obras y artículos que abordan la obra de Lynch sirviéndose de una amplia variedad de enfoques. Según Dennis Lim, fue *Terciopelo Azul* (1986) el film que abrió el camino a los estudios sobre el trabajo del director:

> By the time *Blue Velvet* became a cultural event in 1986, postmodernism was a thriving field of study and a dominant mode of academic discourse. Rich in contradiction and mysterious in its effects, with a plot that vividly and literally dramatizes such Freudian concepts as the primal scene and the Oedipus complex, *Blue Velvet* opened the floodgates for Lynch studies (Lim, 2015: 14).

Dentro de los estudios que abordan el posmodernismo, *Terciopelo Azul* se convirtió en un film vastamente analizado, desde las teorías feministas, que la examinaron en términos de género y relaciones de poder, hasta el análisis marxista de Fredric Jameson. Sin embargo, la mayor parte de las interpretaciones que se hicieron de este film provienen del ámbito de las teorías psicoanalíticas. En parte de la filmografía de Lynch existen numerosas representaciones de las grandes inquietudes del psicoanálisis: «No other filmmaker, save perhaps Alfred Hitchcock, has had his body of work so closely and extensively psychoanalyzed» (Lim, 2015: 14). Un ejemplo claro es el evidente complejo de Edipo que presenta el delincuente Frank Booth en el ya mencionado film.

Aunque la monografía más conocida del director —y en muchas ocasiones considerada la primera— sea la publicada en 1992 por Michel Chion[75] dentro de la colección «Auteurs» de *Cahiers du Cinéma*, en 1991 surgen *David Lynch i vore øjne*[76] de Anne Jerslev en Copenhague y *David Lynch*[77] de Miguel Juan Payán en Madrid. Al no haber sido traducidas a otros idiomas no tuvieron tanta repercusión como la de Chion, que solo tres

---

75 Chion, Michel. (1992). *David Lynch*. Paris: Cahiers du Cinéma. [ed. en español: *David Lynch*. Barcelona: Paidós, 2003].
76 Jerslev, Anne. (1991). *David Lynch i vore øjne*. Copenhague: Frydenlund.
77 Payán, Miguel Juan. (1991). *David Lynch*. Madrid: Ediciones JC.

años más tarde apareció en inglés y se convirtió en el manual de consulta imprescindible para los estudiosos de Lynch. En 1992 también apareció *David Lynch. Die dunkle Seite der Seele*[78], escrito por Robert Fischer en Hamburgo y no fue hasta un año después que apareció la primera monografía sobre el director en su propio país de la mano de Kenneth C. Kaleta[79]. Nos parece llamativo el hecho de cómo su trabajo fue estudiado y analizado mucho antes en Europa que en Estados Unidos.

Lynch no forma parte de una tradición de directores cinematográficos que han teorizado su propia obra. Como él mismo reconoce: «Lo que yo pueda decir sobre lo que he querido contar en mis películas no tiene ninguna importancia. Es como si desenterraras a un tipo muerto hace cuatrocientos años para pedirle que te hable de su libro» (citado en Chion, 2003: 178). En el libro *Les théories de cinéastes* (2002)[80], Jacques Aumont presenta las teorías cinematográficas de Tarkovski, Pasolini, Straub o Godard entre muchos otros, reconociendo a Lynch, Marker, Varda o Warhol como ausencias dentro de su amplio estudio. Sin embargo, aunque Lynch no haya teorizado sobre su trabajo y se niegue en todas sus entrevistas a hablar de lo que hay detrás de sus obras, lo cierto es que ha escrito y reflexionado sobre su producción artística. En 2006 publica el libro *Catching the Big Fish: Meditation, Consciousness, and Creativity*[81] en un tono divulgativo, donde explica su experiencia a través de la meditación trascendental y su acercamiento al proceso creativo. En el libro antes citado, Aumont se centra en la visión que los propios realizadores aportan sobre su trabajo, puesto que presupone que la concepción del cine que predomine en la época influirá en el pensamiento del cineasta: «[en] una época dada reina una concepción del cine, con aspectos ideológicos, técnicos, estéticos, pero también teóricos [...] los cineastas, no siendo por lo general teóricos, tienen actitudes teóricas espontáneas, reflejo de las concepciones dominantes en su medio» (Aumont,

---

78 Fischer, Robert. (1992). *David Lynch. Die dunkle Seite der Seele*. Hamburg: Heyne.

79 Kaleta, Kenneth C. (1993). *David Lynch*. Michigan: Twayne Publishers.

80 Aumont, Jacques. (2002). *Les théories de cinéastes*. Paris: Nathan-Université. [ed. en español: *Las teorías de los cineastas*. Barcelona: Espasa, 2004].

81 Lynch, David. (2006). *Catching the Big Fish: Meditation, Consciousness, and Creativity*. Nueva York: Tarcher. [ed. en español: 2008: *Atrapa el pez dorado: Meditación, conciencia y creatividad*. Barcelona: Mondadori, 2008].

2015: 17). Gilles Deleuze escribe al respecto: «Los grandes cineastas son pensadores, en este sentido, tanto como lo son los pintores, los músicos, los novelistas o los filósofos (la filosofía no tiene privilegio alguno)» (Deleuze, 2008: 193).

3.2 Características y etapas

Dennis Lim identifica cuatro acontecimientos decisivos en el desarrollo creativo de David Lynch, todos referidos a experiencias personales. El primero si sitúa en su adolescencia, cuando conoce al pintor Bushnell Keeler y decide dedicarse al arte; el segundo se localiza cuando se plantea conferir movimiento a sus pinturas y comienza a animar sus creaciones; el tercero se corresponde con la dilatada producción de *Cabeza Borradora* (*Eraserhead*, 1977) y la iniciación de Lynch en la meditación. El cuarto y último punto sería el más difícil de ubicar en el tiempo, pues, según Lim, podría encontrarse después de trabajar en *Dune* o incluso después de la cancelación de la segunda temporada de *Twin Peaks*; sin embargo, «whenever it may be, Lynch acquires the will or temperament it takes to be an artist who is never less than fully himself, even within an industrial medium and against the flattening forces of the mainstream» (Lim, 2015: 3).

En 1966, mientras cursa la carrera de Bellas Artes en Filadelfia, Lynch crea su primer cortometraje en 16mm, *Six Men Getting Sick (Six Times)*. En este el director filma una serie de pinturas que luego proyecta sobre una pared donde sobresalen tres esculturas hechas a partir de moldes del autor mismo.

A partir de ese momento, Lynch no dejará de producir todo tipo de trabajos audiovisuales; desde *spots* comerciales, una superproducción de ciencia ficción, hasta los últimos vídeos de YouTube donde se filma a sí mismo describiendo el tiempo atmosférico desde su estudio en Los Ángeles[82].

David Lynch hace uso del cine, dentro de su variada y extensa producción artística, para transmitir ideas en movimiento que con otro medio no podría realizar. En sus propias palabras: «Lo formidable del cine es que puede transmitir una pequeña parte de eso que las palabras no pueden expresar» (Rodley, 2017: 42).

---

82 Ver «Weather Reports» (06/09/2020): https://bit.ly/2Rdtsnr

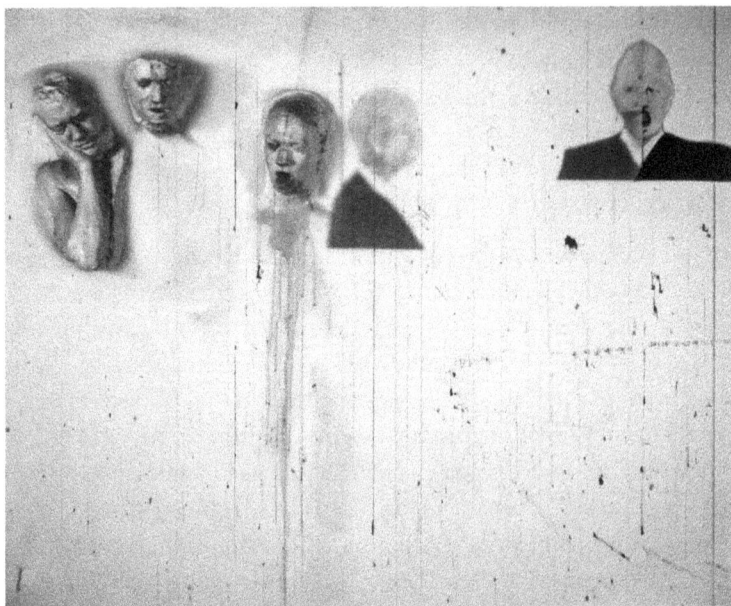

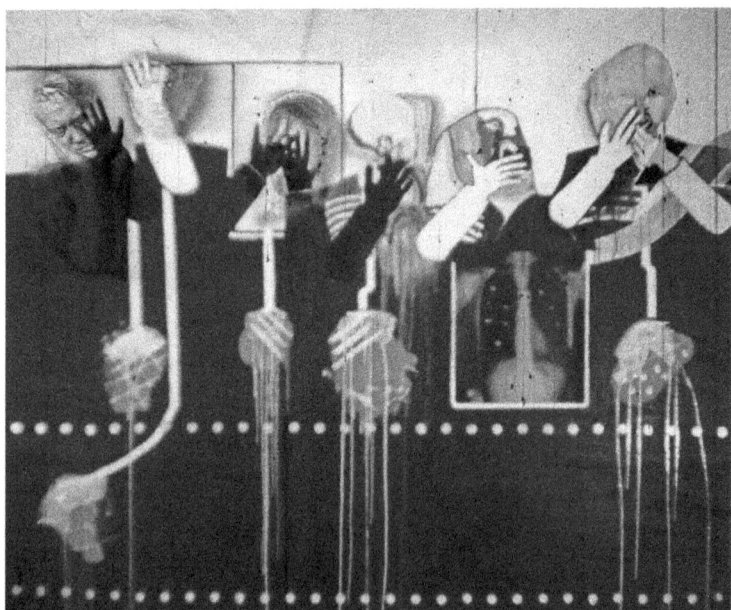

Figs. 3, 4 y 5 : Fotogramas del cortometraje *Six Men Getting Sick* (*Six* Times) (1966).

Como se menciona anteriormente, el cine de Lynch no se asocia a un solo género cinematográfico o movimiento, y si tuviésemos que encontrar una palabra que englobase todo su trabajo probablemente sería «bizarre»[83]: que se desvía de lo común, que sorprende con su extrañeza. «No es en el relato, sino en la visualidad donde radica el aire extraño, a medio camino entre lo hiperreal y lo irreal, de las películas de Lynch. Su poder subversivo nace de que lo extraño nos resulta vagamente familiar, y lo familiar nos resulta desestabilizadoramente extraño» (Cavallo, 2009: 327). En la experiencia visual que plantean sus películas (con excepciones como *Una historia verdadera* o *El hombre elefante*, de estructura narrativa más lineal), se puede comprobar que en muchos de los casos se presentan agujeros dimensionales

---

83 En octubre de 1990, la revista *Time* publicó un artículo titulado «David Lynch: Czar of Bizarre». Disponible en: https://bit.ly/336ex3R [Fecha de consulta: 05/04/2020].

en la narración o saltos a otras realidades formalmente tan próximas entre ellas que acaban por confundir al espectador: la realidad convencional se confunde y es complicado saber qué es lo que ocurrirá después. En la tesis *Lo siniestro como condición y límite del MRI. A propósito de David Lynch*, Marcos Ferrer explica: «En las películas de Lynch los trasvases entre mundos y realidades conviven, sueño y vigilia, fantasía y realidad se confunden como materias líquidas, tintas de posibles existencias que una vez disueltas y mezcladas entre ellas son imposibles de discernir, como el material orgánico con el industrial de sus primeras obras» (Ferrer, 2017: 367). Lynch hace uso de las líneas argumentales y la estructura (o no-estructura) narrativa como vehículos para organizar los temas que más le preocupan, siendo uno de ellos los sueños. Chris Rodley lo expone de la siguiente manera:

> The feelings that excite him most are those that approximate the sensations and emotional traces of dreams: the crucial element of the nightmare that is impossible to communicate simply by describing events. Conventional film narrative, with its demand for logic and legibility, is therefore of little interest to Lynch (citado en Bulkeley, 2003: 49).

A Lynch le atrae lo difícil de explicar con palabras, como los sueños y las pesadillas, que guardan incongruencias y saltos espacio-temporales complejos de racionalizar. Su cine se puede entender como un constante experimento e investigación de las formas y recursos que solo el cine nos brinda, captando al final la atención del público con su tentadora forma de rozar lo reconocible, familiarizando la rareza como parte del flujo de lo cotidiano y su uso del cliché.

Es complicado establecer etapas definidas en su filmografía, e intentar hacerlo en profundidad sería una investigación aparte. Sin embargo, en esta investigación presentamos la siguiente propuesta que pone de relieve momentos de inflexión y cambio en la filmografía de Lynch[84], teniendo en cuenta que es una selección de sus obras y no todas aparecerán reflejadas:

1. En 1966 realiza el cortometraje antes mencionado (*Six Men Getting Sick (Six Times)*), con el que descubre el mundo de la película fílmica registrando audiovisualmente sus pinturas para darles movimiento.

---

84 Ver ANEXO 1: Esquema visual de las etapas propuestas.

Destaca la obra *The Alphabet* (1968) en este periodo, aunque a lo largo de su trayectoria Lynch jamás deja de lado la pintura, y seguirá haciendo animaciones de este tipo hasta la actualidad. El último del que tenemos constancia, titulado *The Adventures of Alan R.*, fue estrenado en su canal de YouTube el 7 de julio de 2020.

2. En 1970 filma *The Grandmother*, un mediometraje donde Lynch deja atrás las animaciones e introduce actores reales en sus creaciones. El autor creará obras de este estilo en película hasta 1995, cuando estrena el corto *Premonitions Following an Evil Deed*.

3. En 1971 comienza *Cabeza Borradora*, que termina seis años después en 1977. Es el primer largometraje de Lynch, el que hace con menos presupuesto —alrededor de 20.000 dólares— y en cuya realización más tiempo invierte. El director, junto a un reducido equipo, tuvo control sobre la mayoría de los detalles que conforman el film, aspecto que cambiará en sus siguientes películas. Por todo ello se considera que el film es un periodo en sí mismo. No obstante, la producción de *Inland Empire* (2004) es similar en cuanto al gran control que tiene Lynch sobre los diferentes aspectos del film: lo dirige, lo produce, crea el guion, parte de la música, realiza el montaje… Sin embargo, el presupuesto con el que trabajará el director será doscientas veces superior al de *Cabeza Borradora*.

4. En 1980 estrena *El Hombre Elefante* (*The Elephant Man*), que fue bastante exitosa en comparación al desastre a todos los niveles que supuso *Dune* (1984). Estas dos películas tienen en común ser producciones que no surgen de una idea original de Lynch, sino que están basadas en libros o historias reales —además del incremento de personal que trabajó en ellas con respecto a *Cabeza Borradora*—, como pasará posteriormente con *Una Historia Verdadera* (*The Straight Story*), estrenada en 1999. A pesar de que, según Chris Rodley, *Dune* es la película menos «lynchiana», podemos intuir ciertas relaciones entre este mundo de ciencia ficción y los mundos de *Cabeza Borradora* o *El hombre Elefante*. Con esto constatamos la dificultad de construir periodos o etapas herméticas en la filmografía de Lynch, pues el director conduce

temas y preocupaciones a lo largo de sus producciones y es complicado establecer claras separaciones. Según el mismo Lynch:

> Sí. Hay una especie de hilo conductor. En todas prevalecen las máquinas. [...] La industrialización nunca es un tema central, pero siempre merodea de fondo. [...] Además, en las tres películas hay mundos extraños que se deben construir y filmar para entrar en ellos. Quiero hacer películas que se desarrollen en los EEUU, pero que transporten a las personas a mundos que, en caso contrario, no visitarían; a lo más profundo de su ser (citado en Rodley, 2017: 136).

Corazón Salvaje (*Wild at Heart*, 1990) tampoco surge de una idea original del director, al igual que las anteriores. Basada en una novela de Barry Gifford, asiduo colaborador de Lynch, consigue la Palma de Oro de Cannes ese mismo año. Sin embargo, en este caso se situará en el siguiente periodo propuesto.

5. Como se menciona anteriormente, *Terciopelo Azul* es el paradigma de película nostálgica enmarcada en el contexto posmoderno; en este periodo central en la producción artística de Lynch se incluyen películas que han sido consideradas posmodernas y que se han desarrollado en el apartado anterior. Con *Terciopelo Azul,* estrenada en 1986, comienza una nueva etapa para Lynch. La mayoría de los críticos coincide en este punto, pues este film, como *Inland Empire,* le debe mucho al tiempo en el que se enmarca. Rodley expone lo siguiente: «Según la opinión de muchas personas, *Terciopelo Azul* es la película más satisfactoria y exitosa de Lynch hasta la fecha: la síntesis perfecta de sus obsesiones estéticas y temáticas tan particulares con las exigencias más tradicionales del cine narrativo» (Rodley, 2017: 161). El propio Lynch habla de una vuelta a un cine más personal que también se identificará en *Carretera Perdida* una década más tarde. Michel Chion comenta: «En todo caso, *Terciopelo Azul* es el testimonio de una madurez cinematográfica y de un gran control sobre la duración de las escenas, que ya no muestran remates bruscos, sino experiencia y seguridad sobre lo que se quiere decir y contar» (Chion, 2003: 132).

Es esencial mencionar que en este periodo Lynch trabaja junto a Mark Frost en la serie de televisión *Twin Peaks*, que estrena su primera temporada en 1990 y consta de ocho episodios. Aunque aspectos como la dirección o la elaboración del guion fuesen compartidos, es evidente el

peso que ejerce Lynch sobre ella. Desde detalles que introduce de obras
anteriores (como el famoso suelo de la Habitación Roja en *Twin Peaks*
que Lynch introduce mucho antes en el vestíbulo del apartamento de
Henry en *Cabeza Borradora*), hasta temas recurrentes en su filmografía y que reaparecen en la serie, como el mundo detectivesco *noir*, el
surrealismo de algunas de sus escenas o la gran importancia de los sueños. No obstante, Lynch abandona el programa en la segunda temporada para empezar *Corazón Salvaje* y poco después acaba cancelándose
por falta de audiencia. Descrita por el director como «[a story] about
finding love in Hell» (citado en Woods, 2000: 116), *Corazón Salvaje* se
introduce en este periodo propuesto dada la unanimidad de la crítica
en caracterizarla como un ejemplo más de la faceta posmoderna que
manifiesta David Lynch en su carrera cinematográfica. El periodo «lynchiano» posmoderno que se presenta aquí se correspondería a grandes
rasgos con la década de los noventa, desde *Terciopelo Azul* (1986) a
Mulholland Drive (2001). Paul A. Woods señala ciertos aspectos cons-
tantes en su obra, y recuerda la condena de Lynch por parte de ciertos
sectores a causa del elogio posmoderno y *retro-chic* que se lleva a cabo
en el film *Corazón Salvaje*, entre otras de sus producciones:

Despite essential differences in tone, the invariables of Lynch's current style[85] [...]
were felt to be becoming a clichéd stock in trade-compulsive obsession, eccentric
characterisation, bizarre murder, the contrasts of folksy Americanism and contemporary sleaze, innocent nostalgia and bizarre sexuality were, as far as most
critics were concerned, the be-all and end-all of Lynch, rather than the vehicles
which carried his imagery. [...] Strangest of all, with hindsight, is the way in
which Lynch was condemned in certain quarters for adopting a post-modern
retro-chic approach to the aspects of pop culture which *Wild At Heart* eulogi-
sed — Elvis, Oz, cheesy melodramas (Woods, 2000: 127–129).

En 1992 presenta *Twin Peaks: Fuego camina conmigo* (*Twin Peaks: Fire
Walk With Me*). En este punto la crítica se mostró hostil con el film después
del fracaso de la producción para televisión, a lo que se sumó el hecho de

---

85 Woods revisa y reedita su libro *Weirdsville USA: The Obsseive Universe of
David Lynch* en el año 2000, por lo que cuando se refiere al «estilo actual» del
director, hay que tener en cuenta que su análisis solo llega hasta *Una historia
verdadera* (1999).

que la película no comenzaba donde había acabado la serie. Dirigida sin la colaboración de Frost, la película está considerada una precuela de la serie que sirve como epílogo a la historia de la joven Laura Palmer. A través de nuevos e inquietantes personajes (como el niño que lleva una careta sin agujeros), Lynch confecciona un clima de desconcierto y misterio mucho más denso que en la serie televisiva. En palabras del director: «There are things in there that they [spectators] wouldn't understand as much as some others, who have seen the series. But abstractions are a good thing and they exist all around us anyway» (citado en Woods, 2000: 154).

En 1997 se estrena *Carretera Perdida*, película rodada en tan solo tres meses, pero que se presenta como la más compleja que realiza Lynch antes del cambio de siglo. En su célebre ensayo *The Art of the ridiculous sublime: On David Lynch's Lost Highway* (2000), el filósofo Slavoj Žižek declara lo siguiente acerca de la acogida dispensada por la crítica:

> The predominant critical response to David Lynch's *Lost Highway* was that it is a cold post-modern exercise in regressing to the scenes of primal anxieties as codified in the imagery of *noir*, with, as James Naremore put it succinctly, "no other purpose than regression...Thus, for all its horror, sexiness, and formal brilliance, *Lost Highway* remains frozen in a kind of cinematheque and is just another movie about movies." (Žižek, 2000: 17).

Como se puede observar, gran parte de la crítica consideró *Carretera Perdida* como un «ejercicio posmoderno» de imágenes codificadas sin mucho trasfondo. Sin embargo, Anne Jerslev observa que lo interesante del film es que el espectador se encuentra debajo de la terrorífica superficie de la realidad desde el principio, a diferencia de otras ocasiones en las que Lynch lo introduce en otro mundo explícitamente (como, por ejemplo, mostrando una oreja cortada). En *Carretera Perdida* no aparece esa faceta idílica del jardín de Lumberton que se encuentra en *Terciopelo Azul*, o el pueblo tranquilo que de cara al exterior aparenta ser *Twin Peaks*; la película, al igual que en *Cabeza Borradora*, no presenta otra alternativa a su claustro-fóbico universo: «Using an intertextual analogy, I might suggest that in *Lost Highway* we have finally entered The Black Lodge, the fiendish, perverse non-place outside time that finally captured Dale Cooper in the closing episode of *Twin Peaks*» (Jerslev, 2004: 157).

Mulholland Drive aparece en 2001 como una bisagra en la filmografía de Lynch, y con ella acaba su etapa fotoquímica: es la última película que el director filma antes de optar definitivamente por el medio digital. El film, junto a *Carretera Perdida*, se diferencia de sus anteriores producciones por la forma más experimental que confiere a sus ideas. Chris Rodley lo explica así:

> *Carretera Perdida* y *Mulholland Drive* son menos obvias [que *Terciopelo Azul*] en sus procedimientos, ya que ahora Lynch requiere de ideas abstractas y formas narrativas más experimentales para expresar los mundos cada vez más interiores que a personajes se ven obligados a habitar como resultado de sus propios temores, desilusiones y acciones extremas (Rodley, 2017: 13).

Desde la vuelta a un cine más personal que abre *Terciopelo Azul*, se identifica en el conjunto de este periodo propuesto la etapa central en la producción cinematográfica de David Lynch, en la que explora temas centrales en su obra como las múltiples identidades, las pesadillas, el sexo o la violencia antes de abandonar el *stock film* para siempre: «He terminado con el cine como formato. Para mí el cine ha muerto. (…) Ruedo en vídeo digital y me encanta» (Lynch, 2008: 165).

6. En 2001 Lynch decide inaugurar su web «www.davidlynch.com»[86] y todas las producciones a partir de este año serán en formato digital. En 2002 presenta en dicha web la miniserie *Rabbits* (2002), una *sitcom* surrealista protagonizada por una familia de conejos humanoides que comparte diálogos inconexos en una habitación.

Martha Nochimson la describe así en su libro *David Lynch Swerves: Uncertainty from Lost Highway to Inland Empire* (2013):

> There is high fantasy here in the midst of banality, a tantalizing metaphor for the combination of the embroidering imagination and the effortless calm and patience needed to face the uncertainty of the marketplace. The discussion in the Rabbit Room is a tissue of unanswered questions that provokes inappropriate laughter and applause from the audience, one more representation by Lynch of the woeful state of public discourse (Nochimson, 2013: 131).

---

86 La web estuvo activa durante los primeros años de la década de los 2000. Muchos usuarios de internet se dedicaron a subir el contenido de dicha web a plataformas digitales como YouTube, en la que todavía se pueden encontrar después del abandono de la web durante el rodaje de *Inland Empire* (2006) y su posterior desaparición. Actualmente encontramos en su lugar un espacio online del que el director hace uso para promocionar y vender su segundo álbum de estudio «The Big Dream» (2013).

Figs. 6 y 7 : Fotogramas del primer capítulo de la miniserie *Rabbits* (2002).

La introducción de fragmentos de *Rabbits* en *Inland Empire* por parte del director constituye un comentario consciente sobre la transformación digital de lo cinematográfico en un evento multimedia, el cual demanda, además de complejas formas de narración, formas más interactivas derivadas del nuevo espectador digital multiplataforma (Nieland, 2012: 126 *passim*). Aunque ya en 1974 Lynch hubiera interactuado con el formato de video, la práctica de grabar películas en este formato no se generalizó hasta la mitad de los años 90. El movimiento *Dogme95'* liderado por Lars Von Trier inauguró la revolución digital. Dennis Lim explica que la primera ola de películas en MiniDV se dividió en dos categorías: la de aquellos que tratarían el vídeo como un lenguaje en sí mismo, como *Celebración* (*Festen*. Thomas Vinterberg, 1998) o *El Proyecto de la Bruja de Blair* (*The Blair Witch Project*. Daniel Myrick y Eduardo Sánchez, 1999), y la de quienes negaron su naturaleza y camuflaban sus características particulares usándolo como un simple sustituto más económico que la película (Lim, 2015: 168 *passim*).

Lynch no mostró interés en simular el celuloide con este nuevo medio, sino que exploró sus particularidades y las resaltó, como se puede comprobar de manera paradigmática en *Inland Empire* (2006), que es la película que ejemplifica todo ello. En palabras de Lim: «Lynch grasped the potential of digital technology earlier and took to it with greater fervor than filmmakers half his age» (Lim, 2015: 168).

Aunque en esta propuesta no aparezcan unidas, es muy común entre los estudiosos de Lynch crear conexiones entre las películas que conforman la llamada Trilogía de Los Ángeles: *Carretera Perdida, Mulholland Drive* e *Inland Empire*. Thomas Elsaesser explica las cuatro líneas maestras que permiten considerar estos filmes como un conjunto:

> [...] primero, el tema recurrente de las fugas psicogénicas y de las dobles personalidades; segundo, la narración compleja, las cronologías retorcidas y bandas de Moebius; tercero, la intertextualidad con referencia a películas que tratan el hecho de filmar una película en la veta *post-noir* o *neo-noir*; la intertextualidad como homenaje de Hollywood a la cinematografía europea y viceversa; y la intertextualidad como crítica a la televisión, por medio de la comedia de situación, a la vez que se celebra su extraño encanto digno de otro mundo (por ejemplo, *Rabbits* en *Inland Empire*); por último, hay un cuarto aspecto, la dimensión de lo oculto y de lo espiritual, en la que sus films se entienden como mensajes codificados sobre la meditación trascendental y en la que la trilogía de Los Ángeles se interpreta como una especie de *Divina comedia* o *Libro de las revelaciones* (Elsaesser, 2013: 9–10).

Existen numerosas agrupaciones válidas para organizar la compleja obra de Lynch; no obstante, en esta propuesta no se ha adoptado esta última lectura con el fin de subrayar la brecha que se abre en el trabajo del director a partir de su salto al medio digital.

Fig. 8: Fotograma de la serie *Twin Peaks: The Return*.

«I'll see you again in twenty-five years». Alguien —o algo— idéntico a la joven Laura Palmer recita esta frase dirigida al detective Dale Cooper, quien se encuentra atrapado junto a ella en la famosa habitación de cortinas rojas: la Logia Negra. Exactamente veinticinco años después, en 2017, se presentan 18 episodios de una nueva temporada de la serie: *Twin Peaks: The Return*. Aunque es cierto que la temporada parece continuar en el punto en el que se había quedado la trama de la última —un cuarto de siglo después—, no se vuelve propiamente a Twin Peaks, sino que se entra en el interior de sus misterios de manera escalonada. En *Trois essais sur Twin Peaks* (2018), Pacôme Thiellement explica: «El objetivo de esta temporada no es, pues, el de regresar a un paraíso perdido, sino el de presentar el mundo de *Twin Peaks* como el lugar de un combate incesante entre la Luz y las Tinieblas» (Thiellement, 2020: 170). Esta nueva continuación de la historia, dirigida exclusivamente por él, se presenta como una de las producciones más «lynchianas» del director. La serie se muestra cargada de pequeñas tramas que nunca se acaban de desarrollar, extrañas secciones completas en blanco y negro con elementos surrealistas o toques de humor irónicos protagonizados por el Agente Especial del FBI que ahora se halla desprovisto de su identidad. Con un cuantioso presupuesto concedido por la cadena Showtime, que se estima entre cincuenta y setenta millones de dólares, Lynch tiene la libertad para darle forma a ese «multiverso» que se identifica como «lynchiano», empleando para ello el medio digital.

7. Durante la reciente crisis del Covid-19, David Lynch inaugura desde su estudio en Los Ángeles su propio canal de YouTube, al que desde el 11 de mayo de 2020 sube contenido diario: desde pequeñas animaciones hasta muestras de los avances en sus trabajos en madera que ha estado haciendo durante un día, pasando por tutoriales de cómo reparar unos pantalones o cómo fabricar un *checking stick* que sugiere al espectador de qué manera lo puede continuar al acercarlo a un cuadro. Es interesante reflexionar acerca de cómo en este último periodo el cineasta decide utilizar esta plataforma digital para compartir sus obras y experimentos, consciente de las formas contemporáneas de consumo audiovisual hoy en día.

Somos conscientes de que muchas de estas películas pueden transgredir los límites entre periodos y muchas de las producciones se entrelazan entre sí y constituyen un todo en sí mismas, pero, con todas las salvedades, consideramos imprescindible realizar una propuesta de estructura por etapas que nos permita abordar de manera pedagógica y ordenada la ya de por sí compleja obra de Lynch.

3.3 Influencias: surrealismo, Romanticismo americano, *noir*

Si algo ha acompañado a Lynch durante toda su trayectoria ha sido la pintura. En 1965, después de haber pasado un decepcionante año en la Boston Museum School y experimentar un intento fallido de estudiar en Europa junto a Kokoschka, Lynch se inscribe en la Pennsylvania Academy of Fine Arts en Filadelfia: «Especialmente, trabó conocimiento con los trabajos de los *actions painters*, como Jackson Pollock, Franz Kline y Jack Tworkov (más tarde también admirará a Francis Bacon, Edward Hopper y Henry Rousseau, el Aduanero)» (Chion, 2003: 24). La influencia de Bacon en su obra pictórica resulta muy obvia en sus primeros trabajos, como se puede observar en *Woman with a Screaming Head,* pintura de 1968. El mismo Lynch lo explica así: «I saw Bacon's show at Marlborough the year before… I really believe that I was always trying to find my own voice, but Bacon was a heavy influence on me, he is all about organic phenomenon and distortion of a figure, things I just love» (citado en Hoban, 2014).

En esa época realizó diversas pinturas, desde escenas callejeras hasta series de «mujeres mecánicas» que se transformaban en máquinas de escribir y fue en esa misma escuela donde comenzó a experimentar con el movimiento. Además de Bacon, Hopper se encuentra asimismo entre los autores predilectos del director y su influencia resulta manifiesta en sus producciones audiovisuales, como por ejemplo en *Terciopelo Azul*: «La feliz estampa mostrada de Lumberton entraña tras la superficie un mundo de maldad y sombras, más cercano a las pinturas deformes y surrealistas de Francis Bacon, fundidas con el estilo de Hopper» (Palau, 2012: 110).

Michel Chion explica que Lynch nunca incluyó entre sus películas favoritas ninguna obra surrealista, corriente a la que se ha aproximado en varias ocasiones. Sin embargo, en 1987[87] la BBC lo consideró suficientemente experto en el movimiento como para ofrecerle presentar un programa sobre el surrealismo. En este se encuentran fragmentos de nueve producciones cinematográficas surrealistas, entre ellas: *Un perro andaluz* (*Un Chien Andalou*. Luis Buñuel, 1929), *La sangre de un poeta* (*Le Sang d'un Poète*. Jean Cocteau, 1932) o *La chica con el corazón prefabricado* (*The Girl with the Prefabricated Heart*. Fernand Léger, 1947)[88]. Además de contextualizar las obras, Lynch analiza la influencia del movimiento en su propio trabajo:

> They discovered that cinema was the perfect medium for them, because it allowed the subconscious to speak. If surrealism is the subconscious speaking, then I think I identify with it and I could say that I was somewhat surrealistic. I think that films should have a surface story but underneath it there should be things happening that are abstract, there are things that resonate in areas that words can't help you find out about; these are subconscious areas (BBC, 20/02/1987).

87　Consultar «Ruth, roses and revolvers: David Lynch presents the surrealists» dentro de *Arena*. BBC, Londres, 20/02/1987. Disponible en: https://www.dailymotion.com/video/x5aox2s

88　Episodio dentro de la película *Dreams That Money Can Buy* (1947), de Hans Richter.

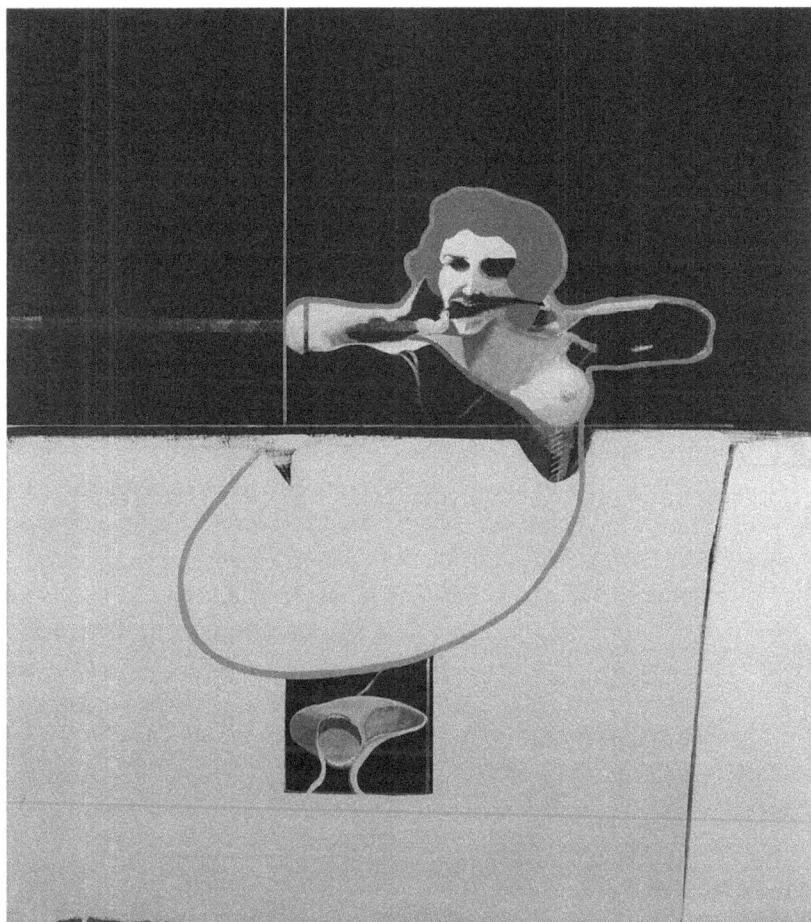

Fig. 9: *Woman with a Screaming Head* (1968). Fuente: https://nyti.ms/2EW1PwF

En *Cabeza Borradora* aparecen numerosos ejemplos que se podrían identificar como surrealistas: la mujer con la cara deformada que habita en el
radiador del protagonista, el feto monstruoso que aparenta ser su hijo —
que podría haber inspirado en cierta manera *El pequeño Otik (Otesánek.*
Jan Švankmajer, 2000)— o el escenario de teatro donde le cae la cabeza a
Henry y que aparenta ser una horrible pesadilla. Chris Rodley opina que

la verdadera razón por la que Lynch puede ser llamado surrealista es por su interés en la «desfamiliarización» o «extrañamiento»:

> Insecurity, estrangement, and lack of orientation and balance are sometimes so acute in Lynchland that the question becomes one of whether it is ever possible to "feel at home"... If Lynch could be called a Surrealist, it is because of his interest in the "defamiliarization" process and the waking/dream state —not in his frequent use of the absurd or the incongruous (citado en Bulkeley, 2003: 49).

En *Carretera Perdida* resulta evidente la influencia de la obra surrealista *Meshes of the Afternoon* (1945) de Maya Deren y Alexander Hammid. Dennis Lim apunta: «La obra, referente de la vanguardia americana, parece menos relacionada con el Surrealismo europeo que con los flashbacks freudianos y las habitaciones siniestras tan representativas del cine negro que se desarrolla en Hollywood durante la Segunda Guerra Mundial» (citado en Palau, 2013: 67). En ninguna de las dos producciones quedan claros los límites entre el sueño y la vigilia; ambas se introducen en la pesadilla y el reemplazo de identidades, de forma que recrean así una atmósfera onírica que busca confundir al espectador (Palau, 2013: 68 *passim*).

David Lynch declara: «Son las cosas más oscuras las que me parecen realmente bellas» (Rodley, 2017: 38), lo que recuerda a la conocida frase del poeta Rainer Maria Rilke, «Lo bello no es sino el comienzo de lo terrible». En el artículo «Sinister Loci. El sexo, el horror y el mal en el cine de David Lynch», Antonio José Navarro afirma que el cine del director tiene como objetivo la persecución de la belleza, la cual toma relieve a través de formas horrendas y monstruosas que parecen contradecirla:

> La belleza medusa del cine de Lynch brota de esos espacios misteriosos ocultos tras la normalidad más espuria; de la voluptuosidad y de la tristeza, de la violencia y de la melancolía, unidas a un desesperado *malsaine* deseo de vivir, asociados a una punzante amargura, como si provinieran de la privación y de la desesperanza (Navarro, 2006: 24).

Así pues, podemos afirmar que Lynch está interesado en las categorías estéticas «negativas», como lo ridículo, lo siniestro, lo grotesco o lo deforme. El director, obsesionado por estos conceptos, no comprende «por qué el público espera que el arte tenga sentido cuando acepta que la vida no lo tiene» (citado en Payán, 1991: 20). Encontramos entonces el vínculo más importante que establece Lynch con la sensibilidad romántica: la oposición entre la imaginación y la reflexión, «de ahí que Lynch defienda con fuerza el papel que juega en su obra fílmica [...] el vasto y turbulento mundo de los sueños» (Navarro, 2006: 19). En sus conversaciones con Chris Rodley, Lynch habla de su fascinación por la oscuridad. El director dice: «Es el material perfecto para una película. No es algo que de verdad quisiéramos vivir, pero lo queremos experimentar a través del cine» (Rodley, 2017: 300). Muchos autores afirman que existe una gran influencia del Romanticismo americano en la obra de David Lynch. Alexander sostiene: «Just as the British horror film draws from the tradition of English Gothic literature, there is a parallel in the films of David Lynch and the Romantic movement of American literature» (Alexander, 1993:13). Sin embargo, más que relacionarse directamente con este movimiento literario continúa una línea que subyace a toda la literatura y cultura norteamericana: el puritanismo. En «Pervert in the Pulpit: The Puritanical Impulse in the Films of David Lynch» Jeff Johnson lo explica así:

> A similar brand of Calvinism informs Lynch's work and places him squarely in the literary lineage of the American Romantics —not the soft romanticism of Emerson and Thoreau, who tend to mitigate the strict tenets of Puritanism, leaning toward the utilitarian belief in the innate goodness of man, but the hard-edged romanticism of Hawthorne, Melville, and Poe, who reject the optimism of the transcendentalists and embrace a darker vision of man's relationship with himself and the world. Their link to the early Calvinists is clear (Johnson, 2003: 5).

Es evidente que Lynch se encuentra más cercano a la visión más oscura de la relación del hombre consigo mismo: «El cine de Lynch se distingue [...] por el lado del más terrible romanticismo negro, —es decir, trágico y sin esperanza, hiperbólico y brutal—, que surge en el siglo diecinueve, en un momento de crisis donde se descubre que el Mal siempre exhibe un perfil humano» (Navarro, 2006: 18). Se pueden observar similitudes con la única novela de Edgar Allan Poe, *The Narrative of Arthur Gordon Pym of Nantucket* (1838), donde un joven sufre una serie de experiencias aterradoras y desciende a un infierno de donde sale transformado: «In addition, Poe's stories, like the films of David Lynch, reveal a fascination with the process of decay and corruption» (Alexander, 1993: 14). Otro vínculo importante se puede establecer con el relato *Bartleby the Scrivener: A Story of Wall Street* (1853) de Herman Melville, donde un empleado en Wall Street se muestra como trabajador esencial hasta que comienza a responder «preferiría no hacerlo» (*I would prefer not to*) a las peticiones de su jefe. El protagonista no abandona nunca la oficina —a pesar de ser despedido— y acaba muriendo de hambre en la cárcel. Los personajes de estos relatos podrían haber sido perfectamente ideados por Lynch.

En los años ochenta se vivió un momento de explosión para el cine fantástico: si nos limitamos a mencionar dos ejemplos significativos, destacaríamos *Videodrome* (David Cronenberg, 1983), que ofreció una nueva visión de este género, y *Pesadilla en Elm Street* (*A Nightmare on Elm Street*. Wes Craven, 1983), que mezclaba terror y humor negro —tendencia que se hizo habitual en la época—. Adriano Messias asegura que David Lynch introdujo aspectos de la corriente gótica con el estreno de *Terciopelo Azul* (1986), que circularía durante los años noventa (Messias, 2020: 382 *passim*). No obstante, se encuentran elementos muy cercanos a esta tradición, como apariciones o monstruos, en *Cabeza Borradora* y *El Hombre Elefante*, películas anteriores que acentúan su aspecto gótico al haber sido filmadas en blanco y negro. La definición de cine gótico que acuña Lynch podría ser perfectamente aplicada a su filmografía: «(…) el cine gótico según Lynch es un violento y poético estudio sobre el Mal como fuerza que dinamiza el universo» (Navarro, 2006: 27). El ejemplo más obvio de esto se encuentra en *Twin Peaks*, donde una energía maligna representada en las dos primeras temporadas por el personaje de Bob provoca el caos que comienza con la muerte de Laura Palmer.

Chris Rodley apunta que esta exageración de lo grotesco, lo raro o lo extraño es lo que no acaba de provocar miedo en el cine de Lynch, pues la transformación de lo doméstico en desconocido genera más angustia que terror. Aquí aparece el término *das Unheimliche*[89] (traducido al español por siniestro u ominoso), que Freud había desarrollado a partir del relato «Der Sandmann» de Hoffmann. Como apunta Eugenio Trías en *Lo bello y lo siniestro*: «La definición de Freud de *das Unheimliche* es enormemente sugestiva: lo siniestro "sería aquella suerte de sensación de espanto que se adhiere a las cosas conocidas y familiares desde tiempo atrás". El problema que Freud se plantea es entonces, bajo qué condiciones las cosas familiares pueden tornarse siniestras» (Trías, 2018: 44). Encontramos en *Terciopelo Azul* una escena que nos remite directamente a este concepto: desde el jardín de la casa que ejemplifica el sueño americano, la cámara se introduce en el césped y nos muestra oscuras escenas repletas de bichos; lo que hay debajo

---

89 El término aparece en: Freud, Sigmund. (1919). «Das Unheimliche». En: *Imago*. Nº5, pp. 297–324. [Traducción al español por Ludovico Rosenthal en 1943].

del sueño es putrefacción. Esta película representa el mejor ejemplo de la obsesión del director por captar la oscura realidad que se esconde bajo la apariencia de lo cotidiano. Asimismo, se observa una crítica a la sociedad estadounidense o al *American dream*: Lynch ataca la idea de un territorio apacible donde sus habitantes pueden hallar la felicidad, como se observará más tarde en *Twin Peaks*. Según Alexander, con esta película «Lynch begins a disquieting journey into *noir* territory» (Alexander, 1993: 15). Aunque la definición de cine negro sea probablemente la más polémica entre todos los géneros, hay algunos que la consideran «la revelación del fallido sueño americano» (Palau, 2012: 108). El filósofo francés Gilles Deleuze sugiere lo siguiente: «the characteristics of the new cinema include: "the dispersive situation, the deliberately weak links, the voyage form, the consciousness of clichés, the condemnation of the plot. It is the crisis of both the action-image and the American Dream"» (citado en Alexander, 1993: 25). Freud identifica lo siniestro en la vida burguesa (por eso lo encuentra en la literatura de los románticos), y David Lynch lo aplica particularmente al sueño americano.

Un género cinematográfico que se acerca a la idea del lado oscuro del espíritu humano que comentábamos anteriormente respecto al movimiento Romántico americano es el cine negro o *film noir*: «*Noir* means "black" and the *noir film* found its expression in the black side of the human spirit —the destructive feminine, the *femme fatale*; the destructive masculine, the psychopath; and, most significantly, melancholy (*melas* = black)» (Alexander, 1993: 15). En la década de los cuarenta y los cincuenta en Hollywood, el *film noir* consolidó su público con películas como *El halcón maltés* (*The Maltese Falcon*. John Huston, 1941) o más tarde con *Sed de Mal* (*Touch of Evil*. Orson Welles, 1958), considerada por algunos críticos como la última película del periodo *noir* clásico y una de las favoritas de Lynch. No solo resulta posible localizar reminiscencias *noir* bastante obvias en films específicos del director, como la influencia de *El desvío* (*Detour*. Edgar G. Ulmer, 1945) en *Carretera perdida*, sino que a lo largo de las producciones de Lynch el director introduce figuras clave de este género como la *femme fatale*, el detective o el psicópata. Es posible que sea consecuencia de esta influencia por la que muchos críticos han situado varias películas del director dentro del estilo *neo-noir*:

[...] it is clear that paranoia, anxiety, and the fear of the other remain central to neo-noir, perhaps precisely because the other is now more distant, unknown, and unseen. If we consider David Lynch's *neo-noir* LA trilogy [...] it is clear that the psychological effect of sprawl of the City of Angels is simply to intensify the hopeless position of characters who cannot change their situation or escape from themselves (Featherstone, 2017: 178).

Autores como Jason Holt, que consideran *Terciopelo Azul* y *Carretera Perdida* como producciones *neo-noir*, sitúan el comienzo del este nuevo género en los años sesenta y que, sin embargo, no alcanzará su esplendor hasta la década de los ochenta con películas como *Fuego en el cuerpo* (*Body Heat.* Lawrence Kasdan, 1981). En este último film es muy evidente la evolución que sufre la *femme fatale* respecto al género clásico: sigue siendo el objeto de deseo del hombre, pero acaba saliéndose con la suya (al igual que el personaje de Alice/Renee en *Carretera Perdida*). Como hemos comentado anteriormente, la década de los cincuenta es una gran fuente de inspiración para Lynch y el género negro es clave en esa época.

Entre sus grandes referentes cinematográficos Lynch menciona la mayoría de las veces a cineastas europeos, pues siempre le parecieron más interesantes para el tipo de obras que quería realizar él mismo. Entre ellos incluye a Federico Fellini, Ingmar Bergman, Jacques Tati o Werner Herzog[90].

John Alexander matiza que la mirada de Lynch hacia Estados Unidos en sus películas está más próxima a una mirada europea:

> Scorsese, Coppola, even Woody Allen, make essentially American films, even outside the restrictive grip of the studio system, but often from the perspective of ethnic groups, and how they adapt to America. [...] Lynch's portrayals of America have more in common with the America filmed by Europeans (Alexander, 1993: 11).

Sin embargo, el director se nutre asimismo de producciones norteamericanas: considera *El crepúsculo de los dioses* (*Sunset Boulevard.* Billy Wilder, 1950) como una de sus cinco películas favoritas y a Stanley Kubrick como «uno de los mejores cineastas de todos los tiempos» (Rodley, 2017: 96). Algunas referencias a otras películas resultan muy evidentes, como observamos en *Corazón Salvaje*: «References to *The Wizard of Oz* is an underlying motif to the film (*Wild at Heart*). Lula plays Dorothy and Lula's mother, Marietta, appears as the Wicked Witch of the East. The Good Witch, Glinda, appears 'deux et machina' [sic] to redeem Sailor in his moment of despondency» (Alexander, 1993: 19).

---

90 En la monografía de Michel Chion dedicada al director podemos encontrar un extenso y detallado estudio de las influencias cinematográficas de David Lynch entre las páginas 44 y 50 de la edición en español publicada por Paidós en 2003.

Figs. 10 y 11 : *The Good Witch*. Fotogramas de la película *El Mago de Oz* (*The Wizard of Oz*. Victor Fleming, 1939) y *Corazón Salvaje* (*Wild At Heart*, 1990).

Resulta fundamental recalcar el lugar privilegiado que ocupa la música en la obra de Lynch. Desde la perturbadora canción que interpreta la mujer del radiador en *Cabeza Borradora* («In Heaven»), la psicodélica improvisación de saxofón del protagonista de *Carretera Perdida*, hasta el concierto privado que ofrece Ben (Dean Stockwell) a sus invitados y en el que interpreta la canción «In Dreams» de Roy Orbison en *Terciopelo Azul*, entre muchos otros ejemplos. El mismo Lynch participa en la composición musical de sus obras cinematográficas, además de haber producido él mismo tres álbumes de estudio: *BlueBOB* (2001), *Crazy Clown Time* (2011) y *The Big Dream* (2013). En *Twin Peaks: The Return* (2017) David Lynch le concede un lugar especial a la música: el popular bar The Roadhouse desempeña la función de escenario para detener la compleja narrativa de la serie e introducir al final de todos los capítulos un breve espectáculo musical donde el director muestra algunas de las propuestas más interesantes de la música alternativa actual, como Sharon Van Etten, Chromatics o Au Revoir Simone. Destacaría la influencia de Angelo Badalamenti como fiel colaborador del director para la creación de muchas de las bandas sonoras para sus películas y trabajos en televisión.

A diferencia de muchos de sus coetáneos, Lynch no solo usa el cine como punto de referencia para crear, sino que se nutre de otras muchas artes, sobre todo plásticas. Según Alexander, las deficiencias que puedan aparecer en la narrativa «lynchiana» se ven compensadas por la audacia de sus imágenes, pues sus películas son desafiantes, originales y «no-cinematográficas», en el sentido que amplían los límites del cine comercial (Alexander, 1993: 150 *passim*).

En «David Lynch keeps his head», David Foster Wallace acuña el término *lynchian* para describir el trabajo del director, que define como «a particular kind of irony where the very macabre and the very mundane combine in such a way as to reveal the former's perpetual containment within the latter» (Foster Wallace, 1995: 161). Desde entonces este concepto se ha usado para describir tanto películas, como estilos de música u obras de arte. Actualmente el término se refiere a una forma híbrida entre una especie de surrealismo modificado y el propio estilo cinematográfico de Lynch ([s/n], 2017 *passim*). Aspectos distintivos de su cine serían una narrativa fragmentada, el desdoblamiento de los personajes o las escenas presentadas de un modo no lineal. Thomas Eleasser observa que en la primera década del nuevo siglo estas formas «lynchianas» se han extendido a todo tipo de films; algunos dentro de la corriente dominante, otros del sector independiente, del cine europeo de autor o del cine asiático (Eleasser, 2013: 12 *passim*). Algunos ejemplos de lo comentado anteriormente serían *Donnie Darko* (Richard Kelly, 2001), *Old Boy* (*Oldeuboi*. Chan-wook Park, 2003), *¡Olvídate de mí!* (*Eternal Sunshine of the Spotless Mind*. Michel Gondry, 2004) u *Origen* (*Inception*. Christopher Nolan, 2010).

4. David Lynch y Gilles Deleuze

4.1 Tener una idea en cine

Como hemos visto en el capítulo anterior, David Lynch no es un cineasta que sistemáticamente teorice sobre su obra como lo han podido hacer Godard, Tarkovski o Pasolini. Sin embargo, y como ya se ha señalado, en un intento de compartir sus experiencias creadoras con el espectador, publicó en 2006 el libro *Catching the Big Fish: Meditation, Consciousness, and Creativity*. En este no desgrana sus películas ni descubre sus misterios, sino que expone su opinión sobre temas como la meditación trascendental, el cine digital, los sueños o la religión; no se encontrará en dicho libro, pues, una gran aportación al pensamiento cinematográfico. Puede entreverse en su discurso cómo Lynch es el producto perfecto de una cultura norteamericana estereotipada, como se puede comprobar al final del libro cuando el director formula los siguientes deseos, más cercanos a la oración de un asistente a *Woodstock*[91] en 1969 o a las palabras de una joven recién elegida *Miss America* que a una reflexión teórica sobre el cine: «Que todo el mundo sea feliz. Que todo el mundo esté libre de enfermedades. Que haya buenos auspicios por doquier. Que nadie conozca el sufrimiento. Paz» (Lynch, 2008: 195). Calificado como libro de autoayuda, Lynch brinda consejos para fomentar la creatividad entre citas de fragmentos sagrados hinduistas. No obstante, lo que para nuestros fines más puede interesarnos de estos escritos es la reflexión que Lynch realiza sobre el proceso de tener una idea y se sirve de la metáfora de la pesca para explicarlo:

> Las ideas son como peces. Si quieres pescar pececitos, puedes permanecer en aguas poco profundas. Pero si quieres pescar un gran pez dorado, tienes que adentrarte en aguas más profundas. En las profundidades, los peces son más poderosos y puros. Son enormes y abstractos. Y muy bellos. Yo busco un tipo particular de pez importante para mí, uno que pueda traducirse al cine. Pero

---

91 *Woodstock* fue un festival de música y arte que tuvo lugar en Bethel, Nueva York entre el 15 y el 18 de agosto de 1969. El festival se ha convertido con el tiempo en uno de los mayores símbolos de la cultura *hippie* y la contracultura norteamericana de la década de los sesenta.

allá abajo nadan toda clase de peces. Hay peces para los negocios, peces para el
deporte. Hay peces para todo (Lynch, 2008: 11).

En este fragmento, el director norteamericano manifiesta que existen diferentes tipos de ideas y que además son específicas para cada campo. En
este punto coincide con Gilles Deleuze, quien afirma que una idea no es
algo que se «tenga» en general, sino que pertenece a un ámbito particular.
El francés afirma: «Tener una idea para el cine no es lo mismo que tener
una idea en otro dominio. Sin embargo, hay ideas del cine que podrían
valer también para otras disciplinas [...], pero no tendrían en absoluto el
mismo registro. Y también hay ideas del cine que sólo pueden ser cinematográficas» (Deleuze, 2008: 284). Según el filósofo, hacer cine no conlleva
crear conceptos —esa finalidad concierne a la filosofía—, sino bloques de
movimiento/duración. El papel del filósofo en este aspecto, si es que existe
la necesidad de ello, consiste en inventar y crear conceptos específicos sobre
el cine, no «reflexionar sobre» el mismo. Deleuze asevera que no es el papel
de la filosofía el de reflexionar sobre el cine, o cualquier otra disciplina,
pues nadie tiene la necesidad de la filosofía para poder reflexionar sobre
algo: «Los únicos efectivamente capaces de reflexionar sobre el cine son los
cineastas o los críticos cinematográficos, o los cinéfilos. [...] Si la filosofía
tuviera que servir para reflexionar sobre cualquier cosa no tendría razón
alguna para existir. Si hay filosofía es porque tiene su propio contenido»
(Deleuze, 2008: 282).

La reflexión que realiza Lynch en relación con su propio cine, alejada de
toda teoría o filosofía, nos da ciertas pautas para entender de mejor manera
su *modus operandi*. El director revela el carácter segmentario de su cine
al señalar que sus ideas cinematográficas son pensamientos que obtiene a
fragmentos: «Estaba apoyado así y ¡chas!, apareció la Habitación Roja. [...]
De modo que tuve una idea, se me ocurrieron unos fragmentos» (Lynch,
2008: 97). La concepción de sus producciones como un gran puzle que se
completa a partir de ideas, a veces sin relación entre sí, es esencial para
comprender la esencia de la mayor parte de su cine. Sin embargo, podemos
concluir con *Catching the Big Fish* que no todas sus ideas poseen un sentido
unívoco; en el capítulo del libro que alude a la misteriosa caja azul y la llave
que aparecen en *Mulholland Drive* el director enuncia: «No tengo ni idea
de lo que son» (Lynch, 2008: 131).

Fig. 12: La Habitación Roja. Fotograma de la serie *Twin Peaks* (1990–1991).

4.2 David Lynch y el pensamiento cinematográfico

La obra fílmica del director norteamericano y sus enigmas han resultado ciertamente atractivos para muchos aficionados y pensadores desde que se empezó hablar de Lynch tras el estreno de *Cabeza Borradora* en 1977. Relacionar su cine con la filosofía o el pensamiento cinematográfico es algo bastante común hoy en día. Esta cuestión no solo la encontramos en libros académicos especializados o en textos de grandes filósofos, sino que se trata de un tema que atrae al público general.

Un ejemplo de esto es el podcast *Philosopher avec David Lynch*[92], que consta de cuatro episodios y se estrenó en 2012 a mano de la cadena de radio francesa *France Culture*, cuando aún este formato de audio no estaba tan extendido como ahora. Sin embargo, también se encuentran en

---

92 Episodios disponibles en: https://bit.ly/3i8ayKj

el territorio francés estudios más reflexivos sobre el aspecto mencionado, como *David Lynch: matière, temps et image* (2008)[93] de Éric Dufour. Uno de los principales objetivos de este libro es mostrar que, aunque en el cine de Lynch domina el «instante», la reducción de las películas —entendidas como totalidades— al reino del instante, equivale a devaluar el cine al arte del efecto, en el sentido en que Nietzsche entendía este término. Así lo explica Dufour: «C'est pourquoi il faudra s'interroger sur la manière dont les films de Lynch, loin d'autonomiser d'une manière absolue le plan, constituent au contraire une nouvelle manière d'agencer la totalité (un lien esthétique et non pas un lien narratif, comme on le verra)» (Dufour, 2008: 9).

El francés observa que la solidez de los mundos que encontramos en *Inland Empire, Mulholland Drive* o *Cabeza borradora,* con sus seres, cosas e individuos definidos, se disuelve en imágenes. Dufour argumenta que, de hecho, son las formas las que se disuelven en el propio film, ya que no existen en su fijeza e identidad y en el mundo solo existen las imágenes. Aquí es donde el autor retoma la tesis desarrollada por Bergson en el primer capítulo de *Matière et mémoire* (1896)[94]: lo que el filósofo propone es repensar la materia para salir del dualismo paradójico en el que ha caído la filosofía, pues el realismo, por un lado, ha hecho de la representación un epifenómeno y, por otro, el idealismo ha reducido la materia a la representación. Dufour, apoyándose en citas de Bergson, comenta al respecto lo siguiente: «D'où la «fiction» selon laquelle la matière est «une image, mais une image qui existe en soit», image qui constitue l'origine absolue, pour autant que c'est elle, à titre d'«existence située à mi-chemin» qui engendre à la fois la subjectivité et l'objectivité, donc le monde dans la totalité» (Dufour, 2008: 104). Sin embargo, a pesar de emplear las teorías bergsonianas para analizar la obra de Lynch, Dufour encuentra una gran diferencia entre los dos:

> Il y a toutefois une grande différence entre Bergson et Lynch. C'est que les images auxquelles Bergson assimile la matière forment un monde unitaire et univoque, qui peut être assimilé au mécanisme généralisé, dans lequel tout est réel et rien n'est virtuel, dans la mesure où les parties de toute image agissent et réagissent

---

93 Dufour, Éric. (2008). *David Lynch: matière, temps et image.* Paris: Vrin.
94 Bergson, Henri. (1896). *Matière et mémoire. Essai sur la relation du corps à l'esprit.* Paris: Félix Alcan. [ed. en español: *Materia y memoria: Ensayo sobre la relación del cuerpo con el espíritu.* México: Aguilar, 1963].

immédiatement sur toutes les autres images [...], comme une pure perception sans mémoire, donc sans durée, qui colle au perçu et s'étend à «toutes les influences de tous les points de vue». Ce n'est pas le cas chez Lynch, où les images, qui certes se prolongent dans toutes les autres dont elles sont, comme on l'a vu, des virtualités ou des harmoniques, peuvent donner naissance à plusieurs mondes incompossibles tout aussi effectifs, même s'ils ne peuvent pas exister actuellement en même temps (Dufour, 2008: 106).

Efectivamente, las imágenes que Bergson considera asimiladas a la materia conforman un mundo unitario en el que todas las partes de las imágenes interaccionan inmediatamente sobre las demás —lo que nos hace pensar en la imagen-acción deleuziana— y donde todo es real y nada virtual. Sin embargo, en el propio ensayo de Dufour se ve cómo desarrolla la idea de que las imágenes cinematográficas de Lynch se perciben como virtuales y armónicas, con la potencia de originar diferentes mundos, aunque, según el autor, estos no puedan existir todos al mismo tiempo.

Dejando de lado los textos que han realizado un intento de aproximar el pensamiento filosófico a la obra de Lynch, existe un trabajo llamado *The Philosophy of David Lynch* (2011)[95] que tiene como objetivo reflexionar sobre lo que sería la propia filosofía de David Lynch: «As a whole, this volume is intended to explore the unique and insightful philosophy of David Lynch through a careful and meticulous philosophical examination of his cinematic works» (Devlin y Sheen, 2011: 2). Lynch presentaría a la audiencia su propio relato filosófico y los ensayos que componen este libro son los supuestos encargados de hacer comprender al espectador las ideas filosóficas representadas en su obra. Los autores del libro defienden que la filosofía de Lynch comienza por la capacidad del director de «crear nuevas realidades a través de su cine», alegando que las realidades fílmicas que construye hacen que la línea divisoria entre la pantalla y la audiencia se difumine (Devlin y Sheen, 2011: 2, *passim*).

Sin embargo, el simple hecho de crear algo no implica que sea filosófico en la concepción que defiende Deleuze. Como hemos visto anteriormente, según su opinión, los cineastas deben ser comparados con los pensadores además de con artistas o músicos; no obstante, aunque reflexionen sobre su

---

95 Devlin, William J.; Sheen, Erica. (eds.). (2011). *The Philosophy of David Lynch*. Kentucky: The University Press of Kentucky.

propio arte, los cineastas no crean filosofía, sino bloques de movimiento/ duración. La tarea de crear conceptos cinematográficos específicos del cine corresponderá al filósofo y por esto rechazamos designar la creación de Lynch como filosófica. Lo que en realidad consigue *The Philosophy of David Lynch* a través de sus múltiples ensayos, es acercar al espectador problemas filosóficos que se encuentran dentro del cine de Lynch. En capítulos como «The World as Illusion: Rediscovering *Mulholland Dr.* and *Lost Highway* through Indian Philosophy», «"There's a Sort of Evil Out There": Emersonian Transcendentalism in *Twin Peaks*» o «Lynch's Zarathustra: *The Straight Story*» observamos cómo se evidencia que la mirada filosófica que vierte sobre el cine del director proviene de otros autores o escuelas filosóficas, como Friedrich Nietzsche, Ralph Waldo Emerson o el hinduismo. De igual modo, se tratan problemas como la razón, la lógica o la religión. En el capítulo «"The Owls Are Not What They Seem": The Logic of Lynch's World», Robert Arp y Patricia Brace exploran el funcionamiento de la lógica en los personajes de los films de Lynch, pues, según los autores, estos personajes generalmente encuentran una manera coherente de funcionar dentro de sus mundos ilógicos, aunque no siempre se rijan por los principios del razonamiento correcto. Arp y Brace comentan: «Lynch films remind us that our world is not inherently logical—we impose logic upon it to make sense of the random and absurd happenings all around us and to create a sense (perhaps only the illusion of?) order out of chaos» (Arp y Brace, 2011: 23).

Interpretamos el contenido de este libro como un estudio de filosofía aplicada a los films de David Lynch y no una filosofía creada por el mismo autor, pues creemos que una filosofía de David Lynch, en el caso de que existiese, estaría formada por conceptos creados a partir de las especificidades de su cine. Un problema parecido se presenta en el libro *The Philosophy of Twin Peaks* (2018), editado por Richard Greene. La editorial Cricket Books consagra una colección titulada «Popular Culture and Philosophy» a producciones como *Stranger Things, Rick and Morty, The Simpsons, Harry Potter, Breaking Bad* o el film *The Princess Bride. The Philosophy of Twin Peaks* es un libro dedicado a «los fans de la serie y de la filosofía» que sigue el mismo esquema de textos como el de Cabrera (*Cine: 100 años de filosofía*) y busca conceptos filosóficos en la serie de Lynch y Frost a través de filósofos desde Platón a Hannah Arendt. En relación a esta última, Leigh Kolb se sirve de la visión de Arendt sobre la violencia[96] para analizar la escena de la bomba atómica en *Twin Peaks: The Return* en el capítulo «The Mother of All Bombs». Kolb apunta al respecto: «Arendt also notes that "the practice of violence, like all action, changes the world, but the most probable change is to a more violent world". The detonation of a nuclear bomb unleashed a kind of violent evil into the world that was capable of horrific violence and despair [...]» (citado en Kolb, 2018: 128). La bomba nuclear que aparece en el octavo episodio de *The Return* parece desatar el mal —cuestión central que atraviesa toda la serie— y originar la figura de Bob, ente maligno que aparece ya en la primera temporada de la serie. El vínculo entre dicho fenómeno y la tesis de Arendt se presenta en este capítulo de manera un poco endeble.

Como hemos visto, es evidente el afán de libros como el anteriormente mencionado por acercar la filosofía a través de la cultura popular. No obstante, es preciso señalar que, si bien es cierto que en ocasiones resulta posible encontrar en ellos algunas reflexiones interesantes, por lo general tienden a establecer unas relaciones entre la filosofía y el cine que resultan demasiado evidentes y ciertamente poco productivas en virtud de su escaso recorrido.

Además de las monografías mencionadas con anterioridad, encontramos en nuestro país ciertos enfoques críticos que merece la pena destacar. Uno de ellos es el breve capítulo que le dedica el filósofo Eugenio Trías al director norteamericano en la obra póstuma *De cine. Aventuras y extravíos* (2013)[97]. En este texto, Trías desarrolla el concepto de la mujer-oráculo, que nos recuerda a la terminología deleuziana. El autor se refiere a la mujer que visita a la protagonista de *Inland Empire* al principio del film y que, al igual que el hombre misterioso de *Carretera Perdida*, anticipa el inquietante futuro. El filósofo concibe la totalidad de la filmografía de Lynch como un «puzle-en-el-tiempo» y apuesta por aproximarse a la obra del director

---

96 La filósofa dedica un libro a este tema: Arendt, Hannah. (1969). *On violence.* Nueva York: Harcourt, Brace & World. [ed. en español: *Sobre la violencia.* México: Joaquín Mortiz, 1970].

97 Trías, Eugenio. (2013). *De cine. Aventuras y extravíos.* Barcelona: Galaxia Gutenberg.

sirviéndose de una suerte de analepsis cuyo punto de partida sería *Inland Empire*. Así lo expone el autor:

> Se ensayará aquí una suerte de infinito *flashback* que permita clarificar algunas claves de su extraño mundo propio. La razón de esa prueba «del cangrejo» es la siguiente: al no seguir un hilo argumental lineal, con principio, exposición, conflicto y fin, sino una suerte de puzle-en-el-tiempo en el que se entrega una parte de la obra con cada secuencia, casi siempre desordenadas, debe contemplarse el puzle entero para una ajustada evaluación de lo acontecido (Trías, 2013: 319).

Un autor que retomará esta metodología de aproximación es Juan Diego Parra Valencia. En su libro *David Lynch y el devenir cine de la filosofía. Una lectura deleuziana* (2016) comienza abordando el último film de Lynch y tomará como referente para su organización no la cronología, sino los grados de intensidad de las imágenes producidas en el cine del norteamericano. Sin embargo, Sonia Rangel rechazará la forma en la que Trías se aproxima a la obra de Lynch:

> Por nuestra parte, pensamos que no se trata de un flashback [sic], porque no estamos frente a una "imagen-recuerdo", es decir, no es un aspecto psicológico de las figuras, se trata más bien de virtualidades que se cruzan, superponen y coexisten. Capas de virtualidad que al conectarse generan variaciones intensivas en un montaje rizomático que destruye cualquier forma de continuidad cronológica o narrativa, en un doble movimiento de avanzar-retroceder, un entre-tiempo o tiempo suspendido, flotante (Rangel, 2015: 33).

Rangel concibe la filmografía del director como capas superpuestas de virtualidades, usando la nomenclatura deleuziana para desarrollar su propuesta. Siguiendo la clasificación que hace Deleuze de las imágenes, la imagen-recuerdo sería la que aún está determinada por la percepción que la precede, es decir, el pasado, y es lo que comúnmente conocemos como *flashback*. Este tipo de imagen psicológica no hace más que actualizar un antiguo presente permaneciendo en el terreno de lo actual y por ello pertenece al universo de las imágenes-movimiento. Deleuze lo explica de la siguiente manera: «En síntesis, [...] la imagen-recuerdo ya no pasa por una sucesión de antiguos presentes que ella reconstruye, sino que se rebasa en regiones de pasado coexistente que la hacen posible» (Deleuze, 1986: 145–146). Hay que tener en cuenta que, según el filósofo, Orson Welles crea la primera imagen-tiempo, y con ella se deja de lado la memoria psicológica y se supera la imagen-recuerdo. En *Ciudadano Kane* (*Citizen Kane*. Orson

Welles, 1941) no se aborda un antiguo presente actualizado, un recuerdo ahora presente, sino de movimiento en el tiempo, de surgimientos y resurgimientos en y desde el pasado. Por todo ello, Rangel alude a la virtualidad en el cine de Lynch y alude a su montaje «rizomático», condenando al *flashback* al universo de las imágenes-movimiento. No obstante, dado que el *flashback* puede ser considerado como una imagen mental del pasado que se introduce violentamente en el presente, la idea de mirar hacia la filmografía de Lynch comenzando por sus producciones más recientes no parece tan descabellada si tratamos de entender la complejidad de los juegos temporales que el director inserta en sus producciones fílmicas. De hecho, la manera más fiel de analizar su trabajo cinematográfico consistiría en no tener en cuenta ningún tipo de recorrido lineal.

Por último, un enfoque que consideramos conveniente destacar es el del ensayo *La vida sin nombre. La lógica del espectáculo según David Lynch* (2005)[98], escrito por Gabriel Cabello. Este autor presenta un análisis de la obra de Lynch que se sirve de categorías tomadas de Baudrillard o Lacan, y señala la familiaridad que las une con los temas que trata el director. El autor toma como hilo conductor *Lost Highway* y «recorre el papel de la cultura del espectáculo y de la lógica en el tiempo real en la configuración de ese campo de fuerzas y del modelo de subjetividad que lo acompaña» (Cabello, 2016: contraportada).

4.3 La presencia de la filosofía cinematográfica de Gilles Deleuze en la filmografía de David Lynch

Vincular la obra filosófica de Deleuze con el cine de David Lynch ha sido una práctica más extendida de lo que se pueda pensar *a priori*. Esta relación se puede encontrar desarrollada tanto en el mundo académico como en publicaciones especializadas, en una gran variedad de idiomas. Encontramos en neerlandés el trabajo de Ils Huygens titulado *Een cinema van het lichaam: Het tijdsbeeld van Gilles Deleuze in Lost Highway en Mulholland Drive (Un cine del cuerpo: la imagen-tiempo de Gilles Deleuze en Lost*

---

98 Cabello, Gabriel. (2005). *La vida sin nombre. La lógica del espectáculo según David Lynch*. Madrid: Biblioteca Nueva.

Highway y *Mulholland Drive*) (2003)[99] o el libro en alemán de Kerstin Volland titulado *Zeitspieler. Inszenierungen des Temporalen bei Bergson, Deleuze und* Lynch (*Los que juegan con el tiempo. Escenificaciones de lo temporal en Bergson, Deleuze y Lynch*) (2009)[100]. En este último, Kerstin analiza la relación entre el tiempo y los medios de comunicación, seguido de un examen detallado de la concepción del tiempo en los tres autores mencionados. La autora no considera que las películas de Lynch sean la ilustración de los modelos teóricos de Bergson y Deleuze, sino que las usa como punto de partida para realizar una comparación equitativa entre los tres «maestros del tiempo».

Muchos académicos y estudiosos han relacionado a Lynch con Deleuze a través de la figura de Francis Bacon, que funciona como intermediario entre ambos. Recordemos la gran influencia que ejerció Bacon en el trabajo de Lynch ya mencionada en el primer capítulo de esta publicación y el estudio que le dedica Deleuze al pintor. Dentro de esta tendencia, destacan trabajos como el libro *Die Tiefe der Oberfläche. David Lynch, Gilles Deleuze, Francis Bacon* (*La profundidad de la superficie. David Lynch, Gilles Deleuze, Francis Bacon*) (2013)[101] de Julia Meier o el ensayo «David Lynch, Francis Bacon, Gilles Deleuze: The Cinematic Diagram and the Hall of Time» (2014)[102], escrito por Jeremy Powell. Sin embargo, no exploraremos esta línea, pues nos interesan los estudios que han intentado relacionar el pensamiento de los dos autores sin figuras intermediarias.

Uno de los primeros textos que relacionan de forma directa a Deleuze con las producciones audiovisuales de David Lynch es el artículo «Detective

---

99 Huygens, Ils. (2003). *Een cinema van het lichaam: Het tijdsbeeld van Gilles Deleuze in Lost Highway en Mulholland Drive*. Trabajo de fin de Grado. Bruselas: Universidad Libre de Bruselas.

100 Volland, Kerstin. (2009). *Zeitspieler. Inszenierungen des Temporalen bei Bergson, Deleuze und Lynch*. Wiesbaden: Springer VS.

101 Meier, Julia. (2013). *Die Tiefe der Oberfläche. David Lynch, Gilles Deleuze, Francis Bacon*. Berlin: Kulturverlag Kadmos.

102 Powell, Jeremy. (2014). «David Lynch, Francis Bacon, Gilles Deleuze: The Cinematic Diagram and the Hall of Time». En: *Discourse* [en línea]. Detroit: Wayne State University Press, Vol. 36, n.º 3, pp. 309–339.

Deleuze and the Case of Slippery Signs» (1995)[103] de Stephen O'Connell. En este, el autor encuentra en *Twin Peaks* un «plano de consistencia» perfilado por el conjunto Lynch-Frost que relaciona con las implicaciones metodológicas del trabajo de Gilles Deleuze. O'Connell lo explica así: «[...] the secrecy of the past in Lynch and the encounter with the future in Frost are brought together in *Twin Peaks*. We can call this a plane of consistency; a dynamic mode of composition which holds together divergent forces in a zone of intensity or multiplicity» (O'Connell, 1995). En la serie también encuentra cómo el concepto de «devenir» hace añicos la noción común del tiempo, lo que permite visionar los episodios fuera de secuencia cronológica y mantener el interés de la audiencia con la precuela *Twin Peaks: Fuego camina conmigo*, aunque ya haya sido revelada la identidad del asesino de Laura Palmer. Resulta atractiva la visión del autor sobre el personaje del detective Dale Cooper y sus formas heterodoxas de investigación. Así lo expone O'Connell:

> If both the subject of the investigation and the signs being interpreted are produced within this radical becoming, then the meaning of signs cannot be derived from a preexisting linguistic structure, nor can the investigator assume a critical distance from the world which entangles and creates him. In these conditions the subject becomes an image or a screen, a sign among other signs (O'Connell, 1995).

El agente especial Cooper se presenta como un intérprete de signos que no cesa de poner en juego nuevas dimensiones del tiempo en sus investigaciones. Según O'Connell, el cuerpo del detective se convierte en un «cuerpo sin órganos»[104] en la escena donde aplica el método tibetano de intuición.

---

103 O'Connell, Stephen. (1995). «Detective Deleuze and the Case of Slippery Signs». En: *Globe e-journal: Journal of contemporary arts* [en línea]. Australia: Monash University, n.º 1.

104 «No hemos de creer, no obstante, que el verdadero enemigo del cuerpo sin órganos son los órganos en cuanto tales. El enemigo es el organismo, es decir, la organización que impone a los órganos un régimen de totalización, de colaboración, de sinergia, de integración, de inhibición y de disyunción. En este sentido, ciertamente, los órganos son el enemigo del cuerpo sin órganos que ejerce respecto de ellos una acción repulsiva y denuncia sus aparatos persecutorios. Pero también el cuerpo sin órganos se atrae a los órganos, se los apropia y los hace funcionar en otro régimen que ya no es el del organismo, en unas condiciones en que cada órgano es todo el cuerpo, tanto más cuanto más se ejerce por sí mismo e incluye las funciones de los demás. Los órganos están

Un sueño inconexo y la letra «J» le afectan de tal manera que su cuerpo se libera del organismo y es así capaz de trasladar sus pensamientos a un cubo, unas piedras y una pizarra para adivinar el nombre del asesino de Laura. A principios de la primera década del siglo XXI, se concentran muchos de los escritos que han realizado la conexión Deleuze-Lynch. A través de nuestras investigaciones podemos concluir que existen dos tipos de aproximaciones a esta cuestión: los autores que encuentran en el cine de Lynch cómo se materializan las ideas de Deleuze; y aquellos que, deudores de su filosofía, crean nuevos conceptos —imagen-fractal, imagen no-tiempo— y los aplican a las producciones audiovisuales del director. Dentro de la primera, mucho más trabajada, destacaremos a continuación los trabajos de Eric Dufour, Evelyne Grossman y Paola Marrati, Alanna Thain y Juan Diego Parra Valencia.

En el texto *David Lynch: matière, temps et image* (2008), Dufour menciona la importancia para Deleuze de las rupturas que aíslan un momento en el tiempo y que parecen crear una suspensión en el mismo. Esta presencia de una duración que parece desconectada de lo que le sigue y precede, la observa claramente en el film *Cabeza Borradora*, más concretamente en las primeras escenas del film en las que Henry recoge el correo, sube en ascensor a su casa o se tiende en la cama observando el radiador. Por otro lado, Dufour menciona que cuando Deleuze subraya que el cine no es una lengua ni un lenguaje, es porque parte de que el cine conforma una organización de imágenes que no constituye ni una enunciación ni unos enunciados, sino algo «enunciable». Es precisamente el hecho de narrar la película el que la deforma y transforma lo «enunciable» en enunciado, reduciendo a la univocidad la estructura ambigua del film (Dufour, 2008: 22 *passim*). Relaciona esta visión con el rechazo que exhibe David Lynch a la hora de comentar sus producciones, que demuestra una desconfianza hacia el lenguaje por no poder decir lo que la imagen es capaz de mostrar. Dufour expone que no es contra el lenguaje contra lo que se debe luchar, sino contra la tendencia

---

entonces como "milagreados" por el cuerpo sin órganos, según ese régimen maquínico que no se confunde ni con los mecanismos orgánicos ni con la organización del organismo. [...] Artaud describe la lucha vital del cuerpo sin órganos contra el organismo y contra Dios, señor de los organismos y de la organización» (Deleuze, 2008: 43).

Figs. 13 y 14 : Fotogramas de la serie *Twin Peaks* (1990), temporada 1, episodio 2.

natural del lenguaje a transformar lo «enunciable» en enunciado y el discurso estético en narratología (Dufour, 2008: 22 *passim*). Aquí se observa que Dufour coincide con Rangel al intentar preservar el supuesto aspecto irracional, desordenado, caótico y rizomático de las producciones de Lynch.

Evelyne Grossman y Paola Marrati realizan una escueta asociación entre el director norteamericano y el filósofo francés en el artículo «Qu'est-ce qu'une une pensée imtempestive? (De Deleuze à Lynch)» (2008)[105]. Las autoras formulan la siguiente pregunta abierta: «Question intempestive pour finir: y a-t-il un côté David Lynch de Deleuze (au sens où Proust évoquait "le côté Dostoïevski des Lettres de Madame de Sévigné")?» (Grossman y Marrati, 2008: 4). En este breve artículo no vacilan en afirmar que los espacios paradójicos de la obra de Deleuze, que no cesa de desplazarse entre «lieux déconnectés et des moments déchronologisés» (Grossman y Marrati, 2008: 5), son menos ajenos de lo que parece a lo que se podría pensar del cine de Lynch, como se podría comprobar en el caso de *Inland Empire*.

Desde un ángulo diferente, Alanna Thain explora la problemática del doble y la repetición en *Carretera Perdida* desde una perspectiva deleuziana en su artículo «Funny How Secrets Travel: David Lynch's *Lost Highway*» (2004)[106]. Thain explica lo siguiente: «*Lost Highway* explores the effects of living in a world characterized by paramnesia. A form of *déjà vu*, paramnesia is a disjunction of sensation and perception, in which one has the inescapable sense of having already lived a moment in time, of being a witness to one's life» (Thain, 2004). A partir de esta observación, la autora relaciona la paramnesia con la imagen-cristal deleuziana, pues la primera haría perceptible la evidencia de la última: el presente es la imagen actual y su pasado contemporáneo sería su imagen en espejo, la imagen virtual.

En 2016, Juan Diego Parra Valencia publica *David Lynch y el devenir cine de la filosofía. Una lectura deleuziana*[107], hasta el momento el único

---

105 Grossman, Evelyne; Marrati, Paola. (2008). «Qu'est-ce qu'une une pensée imtempestive? (De Deleuze à Lynch)». En: *Rue Descartes 95* [en línea]. París: Collège international de Philosophie, Vol.1, n°. 59, pp. 2–5.

106 Thain, Alanna. (2004). «Funny How Secrets Travel: David Lynch's Lost Highway». En: *Invisible Culture. An Electronic Journal for Visual Culture* [en línea]. New York: University of Rochester, n°. 8.

107 Parra Valencia, Juan Diego. (2016). *David Lynch y el devenir cine de la filosofía. Una lectura deleuziana*. Medellín: Fondo Editorial ITM.

libro dedicado exclusivamente a relacionar el cine de David Lynch y la filosofía de Gilles Deleuze. Así lo explica el autor mismo: «Este libro busca las implicaciones de los análisis deleuzianos en la obra del director de cine David Lynch, tomándolo como caso de excepción en el devenir del cine actual, donde se condensan de manera precisa las búsquedas del filósofo francés en torno a la imagen y el pensamiento» (Parra Valencia, 2016: contraportada). El investigador colombiano expone a lo largo de su texto el cruce entre la filosofía cinematográfica de Deleuze y lo que él denomina la cinematografía filosófica de Lynch. En el último capítulo prestaremos una mayor atención a sus reflexiones y a las de Alanna Thain.

En el segundo método de aproximación a la problemática Deleuze-Lynch destacaremos las investigaciones de Sergi Sánchez, Timothy Deane-Freeman y Sonia Rangel. Los dos primeros aplican sus teorías al film *Inland Empire*, mientras Rangel aborda el conjunto de la filmografía de Lynch de forma sintética.

La propuesta que formula Sergi Sánchez en su libro *Hacia una imagen no-tiempo: Deleuze y el cine contemporáneo* (2013) surge del intervalo que se forma entre la pausa de la imagen del VHS y la del DVD. Atravesado por el pensamiento deleuziano, Sánchez aspira «a crear un espacio para el hombre en esta nueva imagen que desprecia la duración de la realidad, o, mejor dicho, que la desafía sin ambages» (Sánchez, 2013: 274). Lejos de ser una negación de la imagen, la imagen no-tiempo se presenta como la consecuencia lógica de la imagen-movimiento, que el autor asocia con el fenómeno del medio digital. Si para Deleuze el paso de la imagen-movimiento a la imagen-tiempo se encuentra en el suicidio de Edmund en *Alemania, año cero*, Sánchez identificará la subsiguiente transición a la imagen no-tiempo en el suicidio de David, el niño-robot de *AI. Inteligencia Artificial* (*A.I. Artificial Intelligence*. Steven Spielberg, 2001). El autor apuesta por la idea de que la televisión se presenta como el verdadero contenedor de la imagen-tiempo y apunta al respecto: «Deleuze detecta esa propiedad en las conclusiones de *La imagen-tiempo*, pero también, como Serge Daney, condena a la televisión por no haber aprovechado las posibilidades de su función estética, asfixiada por su función social» (Sánchez, 2013: 274–275). En opinión de Sánchez, solo el vídeo tendrá la capacidad de desarrollar lo que la televisión no pudo y podrá dejar atrás la noción de tiempo. Aunque Sánchez no dedique mucho espacio a David Lynch dentro de su libro, le destina un capítulo titulado «El tiempo femenino». En este explora ideas como la duplicidad, el reflejo o el espejo en los personajes femeninos de *Mulholland* Drive e *Inland Empire*. En esta última identificará claramente la condición femenina de la imagen no-tiempo. Sánchez observa que «el cine, [...], dice Lynch, es femenino. Porque lo femenino no termina nunca, se extiende y se repliega para volver a nacer, avanza, y se retira como la marea» (Sánchez, 2013: 98). Sánchez recoge las ideas de Alain Verjat cuando defiende que la feminidad es rizomática, concluyendo, por lo tanto, que la feminidad sería deleuziana. El autor resuelve lo siguiente: «*Mulholland Drive* solo encuentra su significado en su naturaleza rizomática, pluricelular [...] el cine será femenino o no será» (Sánchez, 2013: 97).

Es necesario destacar que, en fecha muy reciente, Timothy Deane-Freeman realizó su Tesis Doctoral *The Digital Outside: Deleuzian Film Philosophy and Contemporary Screen Cultures* (2019), lo que evidencia el interés que existe hoy en día por seguir investigando alrededor de las ideas de Gilles Deleuze y el cine. Asimismo, también testimonia la actualidad de la relación Deleuze-Lynch. La propuesta de Deane-Freeman consiste en identificar en el cine contemporáneo un concepto al que llama *digital outside*, partiendo de las visiones que presentan Blanchot y Deleuze sobre el mencionado «afuera»:

> Lynch foregrounds the technical materiality of the digital, in such a way as to draw our attention to its impersonal and ubiquitous presence. I identified these aspects of Lynch's film not only with certain material and impersonal dimensions of Blanchot's literary "outside," but also with the noetic "outside" such as Deleuze advances across *Difference and Repetition* and into the two *Cinema* volumes (Deane-Freeman, 2019: 169).

Freeman reconoce este *digital outside* en el único largometraje digital de David Lynch, *Inland Empire*. Un aspecto notable del proyecto de Deane-Freeman es la dimensión política que identifica en este concepto, más allá de sus funciones puramente técnicas y estéticas. Así lo explica el australiano: «*Inland Empire*, I argued, likewise advances a "political" problematisation of the actual present, drawing attention to the technological, economic and cultural forces which produce certain forms of information» (Deane-Freeman, 2019: 169). Deane-Freeman argumenta que, para superar el proceso de subjetivación de control y mercantilización inmanente a las técnicas contemporáneas de producción de la imagen digital, la estrategia no puede consistir en un retorno a lo predigital. Su propuesta consiste en fabricar devenires nuevos y radicalmente imprevisibles a partir de la exploración de aquellos elementos pertenecientes a las técnicas de la información que todavía no están del todo definidos o determinados. Un buen ejemplo de este *modus operandi* sería *Inland Empire*. El autor concibe su propia aproximación al problema de la información como más deleuziana que el propio pensamiento de Deleuze sobre este tema, ya que aquella «remains dedicated to a critique of its forms and functions from the perspective of a pre-digital conception of art, thought and the subject» (Deane-Freeman, 2019: 170).

Por último, Sonia Rangel presenta un nuevo tipo de imagen en su libro *Aproximaciones estéticas al cine de David Lynch, David Cronenberg, Béla Tarr y Nicolás Pereda* (2015), la *imagen-fractal*. Esta estructura la toma del matemático Benoît Mandelbrot en su libro *Les objets fractals: forme, hasard et dimensión* (1975)[108]. Asimismo, Rangel se apoya en Deleuze para construir esta imagen:

> De este modo, si para Gilles Deleuze la "imagen-cristal" es una imagen que supone la reversibilidad entre lo actual y lo virtual [...], para nosotros, en la imagen-fractal lo que surge es una "imagen virtual pura" en la que se ponen en juego las potencias de lo falso. La imagen-fractal es una "imagen-ficción", una imagen-virtual pura, que es la que se produce en el cine de David Lynch (Rangel, 2015: 15).

Para pensar esta imagen, Rangel retoma las características que plantea Deleuze para describir las imágenes electrónico-digitales, las que, según el filósofo, dan lugar a una nueva forma de automatismo, es decir, otra forma de voluntad de arte. Esta imagen, a decir de la autora, aparece en la obra de Lynch construida por un encadenamiento de imágenes visuales y sonoras «a través de la operación de un montaje aleatorio» (Rangel, 2015:25). Rangel toma la filmografía de este autor como ejemplo de la imagen fractal por su construcción dominada por el azar, creando así «zonas fractales» sin estructura determinada. Sin embargo, no creemos que el montaje de los films de Lynch tenga este carácter azaroso y de aleatoriedad. No obstante, coincidimos, por otro lado, con la idea de comparar el cine del director

---

108 Mandelbrot, Benoît. (1975). *Les objets fractals: forme, hasard et dimensión*. Paris: Flammarion. [ed. en español: *Los objetos fractales: forma, azar y dimensión*. Barcelona: Tusquets, 1984].

con la concepción de fractal, figura aparentemente de estructura irregular o fragmentada pero regida por las leyes de la geometría. Asimismo, nos parece un error considerar el conjunto de la filmografía de Lynch como un único elemento que pueda ejemplificar las imágenes-fractales. Como hemos visto anteriormente, es complicado clasificar sus producciones si se perciben como un todo, sobre todo considerando que las imágenes-fractales se construyen a partir de los planteamientos de Deleuze acerca de las imágenes electrónico-digitales y la mayor parte de las creaciones audiovisuales de Lynch se filmaron en película.

Hasta aquí hemos visto un breve recorrido de las diferentes propuestas que se han interesado por relacionar la filosofía de Gilles Deleuze con el cine de David Lynch. Desde mediados de los noventa hasta el año 2019, la variedad de estudios que hemos examinado demuestran la actualidad en el pensamiento contemporáneo de dicha relación. En el siguiente capítulo analizaremos, a través de *Carretera Perdida* y *Mulholland Drive,* cómo se evidencian muchas de las ideas deleuzianas que hemos ido esbozando en los puntos anteriores.

4.4 Una aproximación a la imagen-recuerdo y al «sueño implicado» en *Carretera perdida* y *Mulholland Drive*

Carretera perdida y *Mulholland Drive* suelen considerarse obras similares dentro de la filmografía de David Lynch. Como hemos visto anteriormente, estas dos películas tienden a incluirse, junto a *Inland Empire,* en la denominada «trilogía de la mente», dado que las tres persiguen investigar ciertos procesos mentales del ser humano. Es indudable que presentan rasgos comunes, como la ruptura de la linealidad cronológica, la transgresión de la continuidad espacial y la coherencia o el uso de una narrativa fragmentada. Sin embargo, en este punto dejaremos fuera del análisis el film *Inland Empire*, pues como hemos constatado anteriormente, su naturaleza digital la aleja de sus predecesoras.

El interés de David Lynch por los estados psíquicos anómalos o los sueños entronca con una larga tradición europea que al director le resulta más cercana que la suya propia. Deleuze ya explica en *L'image-temps* que el cine europeo recogió muy temprano fenómenos como la amnesia, alucinación, delirio, hipnosis, pesadillas o sueños. De hecho, estos fueron aspectos importantes «del cine soviético y de sus variables alianzas con el futurismo, el constructivismo, el formalismo; del expresionismo alemán y sus variables alianzas con la psiquiatría o el psicoanálisis; o de la escuela francesa y sus variables alianzas con el surrealismo» (Deleuze, 1987: 80–81). Para Deleuze, Epstein fue uno de los directores y teóricos de cine que en sus escritos destacó los mencionados estados subjetivos y oníricos que caracterizaron el cine europeo; como por ejemplo el film *Misterios de un alma* (*Geheimnisse einer Seele*. Georg Wilhelm Pabst, 1926), que trata el estado obsesivo de un hombre que sueña con asesinar a su mujer. Deleuze anota que el cine europeo «encontraba así un medio para romper con los límites "americanos" de la imagen-acción, y también para alcanzar un misterio del tiempo, para unir la imagen, el pensamiento y la cámara en una misma "subjetividad automática", contraponiéndose a la concepción de los americanos, demasiado objetiva» (Deleuze, 1987: 82).

En cuanto al análisis de las dos películas aquí tratadas, es cierto que la crítica ha decidido aproximarse a ellas desde una visión psicoanalítica, defendiendo esta postura como el método más adecuado para interpretarlas. Sin embargo, Juan Diego Parra Valencia se opone a esta tradición, pues pone en cuestión que la comprensión de lo que «pasa realmente» sea la finalidad última del análisis fílmico. El autor cuestiona la posibilidad de que las acciones de un personaje puedan ser únicamente «imaginarias», resultado de su mente defectuosa. Para ello, se apoya en la filosofía cinematográfica de Deleuze y nos muestra una aproximación nada habitual a las tres últimas producciones de David Lynch en su libro antes mencionado *David Lynch y el devenir cine de la filosofía* (2016).

Sirviéndonos de las pautas del segundo tomo de *Cinéma* de Gilles Deleuze —específicamente del capítulo «Del recuerdo a los sueños (Tercer comentario de Bergson)»— y las interpretaciones de Parra Valencia, veremos en el siguiente capítulo cómo a través de *Carretera Perdida* y *Mulholland Drive* se ponen en juego, principalmente, dos tipos de imágenes creadas por el filósofo: la imagen-recuerdo y el «sueño implicado».

4.4.1 El fracaso de la imagen-recuerdo en *Carretera perdida*

Se ha erigido ya en un lugar común la consideración de *Carretera perdida* como la puesta en escena del desquiciamiento que el protagonista sufre

después de haber vivido una situación trágica. Tanto el texto de Slavoj
Žižek titulado *The Art of the Ridiculous Sublime: On David Lynch's Lost
Highway* (2000)[109], como el libro de Gabriel Cabello anteriormente citado,
son dos buenos ejemplos de una aproximación psicoanalítica al film. No
obstante, este acercamiento puede no hacer justicia a las imágenes lynchianas al intentar dar una respuesta lógica a sus tramas. Parra Valencia
expone así su visión:

> El problema que nos convoca ahora mismo es la paradoja a la que nos remite
> la psicoanalítica cinematográfica. Por un lado, se empecina por salvaguardar al
> sujeto que imagina, aunque lo conserve enfermo o desahuciado mentalmente,
> validando sus imaginaciones como delirios y por otro, lo priva de legitimidad
> en su fantasía pues lo revela como enfermo carcomido por su propio desquicia-
> miento (Parra Valencia, 2016: 103).

El autor se opone a enfocar su estudio desde el psicoanálisis y adopta la
perspectiva de Deleuze. Su aproximación al film se dirige «al análisis de lo
propiamente cinematográfico desde ciertos tipos de imágenes y signos que
permitan el pensamiento singular del cine como materia pensable» (Parra
Valencia, 2016: 101). Sin embargo, resulta innegable que *Carretera perdida* explora situaciones mentales a través de imágenes cinematográficas.
El mismo Lynch acepta la definición de «fuga psicogénica» como metáfora
para aproximarse a la escurridiza estructura narrativa del film. El director
comenta al respecto:

> Por eso creo que lo llaman «fuga psicogénica», porque va de una cosa a otra, y
> creo que luego vuelve a la primera. Y así es *Carretera perdida*. No sé si esa gente
> que tiene esta enfermedad puede recuperarse o no, o cuánto dura esa fuga. Pero es
> una locura eso de mezclar dos temas, luego llegar a separarlos y volver a empezar
> (Rodley, 1998: 377).

La «fuga psicogénica» o fuga disociativa es un tipo de amnesia en la que
el individuo, comúnmente afectado por un fuerte *shock*, «escapa» de su
propia personalidad de manera repentina sin recordar su vida pasada ni
su identidad, lo que puede dar lugar a la aparición de una nueva. Esta

---

109 Žižek, Slavoj. (2000). *The Art of the Ridiculous Sublime: On David Lynch's
     Lost Highway*. Seattle: Walter Chapin Center for the Humanities, University
     of Washington. [ed. en español: *Lo ridículo sublime. El cine de David Lynch*.
     México: Paradiso, 2015].

forma de explicar el sentido del film en su totalidad parece razonable; sin embargo, Parra Valencia opina que reducir la interpretación de la película únicamente a la enajenación mental del protagonista privaría a la imagen cinematográfica de su potencialidad para producir pensamiento. El autor se muestra crítico con esta visión:

> Aquí no se trata simplemente de «fugas mentales» o condiciones de suspensión en la motricidad, ajustables al desarrollo de un conflicto dado en busca de resolución, sino de fragmentación sistemática de los centros intensivos sobre los que se ejecutan las acciones, con lo cual, el sujeto sufre un desdoblamiento «suprapsíquico» en donde la identidad deja de ser una confrontación consigo mismo para revelarse como instancia de un tiempo aberrante que suprime su condición volitiva. En otros términos, la interioridad del personaje deja de ser funcional en tanto el personaje se adviene como ser pasivo dentro una interioridad mayor que va a ser el tiempo como tal. Es la experiencia que bellamente ha expuesto Deleuze como el «yo es otro» de Rimbaud (Parra Valencia, 2016: 106).

Si las visiones psicologistas aseguran que Fred pierde la estabilidad mental, para Parra Valencia lo que se pierde es una estabilidad corporal, pues el espacio, al no estar presupuesto, impide al cuerpo encontrar un lugar que ocupar. Con todo ello, creemos que el acercamiento a este film desde la «fuga psicogénica» no es un impedimento para poder apreciar en este las imágenes deleuzianas que creemos que manifiesta.

Lynch propone con *Carretera perdida* un viaje a través la mente perturbada de Fred, en el que realidad y fantasía se solapan sin ningún parámetro que nos permita diferenciarlas. El protagonista, después de descubrir la infidelidad de su mujer, Renee, acaba descuartizándola sin recordar nada de lo ocurrido. Aquí es cuando comienza su «fuga», y debido al gran *shock* que este suceso le causa, «desplaza» su identidad a otro sujeto. Este momento de metamorfosis tiene lugar en la celda del protagonista; encerrado y condenado a la silla eléctrica por asesinato, sufre unas extrañas convulsiones y la cámara entra en lo que parecen unas entrañas[110], lo que podemos entender como la entrada en su mente.

---

110 Es típico de Lynch marcar la entrada a otras realidades a través de estos movimientos de cámara que se introducen en macabros miembros humanos. Este proceso resulta muy evidente en el caso de *Terciopelo Azul*, en la memorable escena de la oreja cortada.

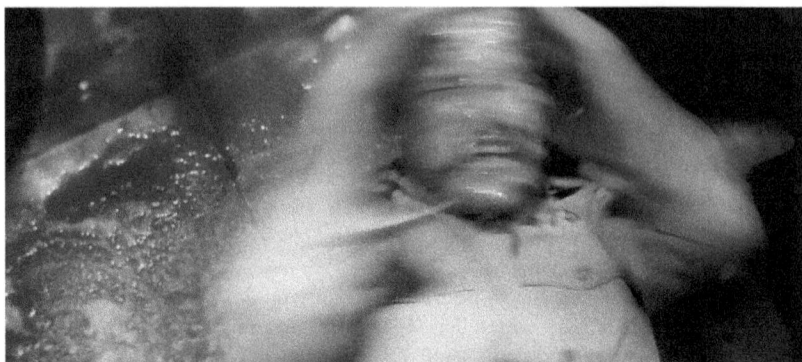

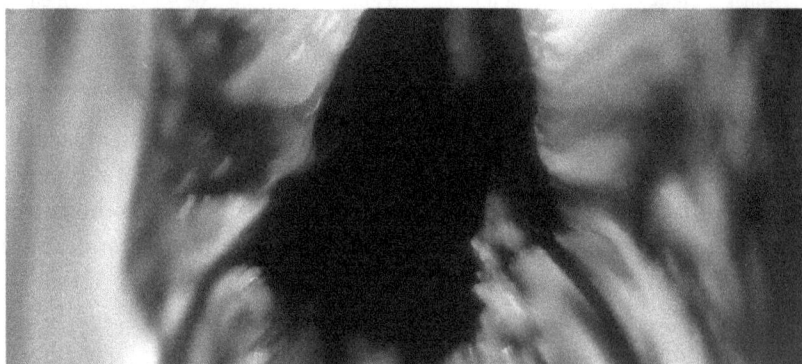

Figs. 15 y 16 : Fotogramas de *Carretera perdida*. Fred en su celda.

A partir de este momento asistimos a la segunda parte del film. Esta sección se puede entender como la proyección de la mente perturbada de Fred en un sujeto ajeno a este, un *alter ego* que cumpla sus deseos (ser el hombre que engaña y no el engañado, matar al amante de su mujer) y escape de alguna manera del terrible crimen que acaba de cometer. En esta realidad, es el personaje de Pete quien inexplicablemente aparece en la celda de Fred, sin recordar cómo ha llegado allí. Los guardias de seguridad atribuyen esta situación a «una cosa de espíritus». Pete trabaja para Mr. Eddy (el amante de Renee en la vida de Fred, llamado Dick Laurent) y mantiene una aventura con su mujer, Alice (personaje que se presenta al espectador con el mismo aspecto que Renee).

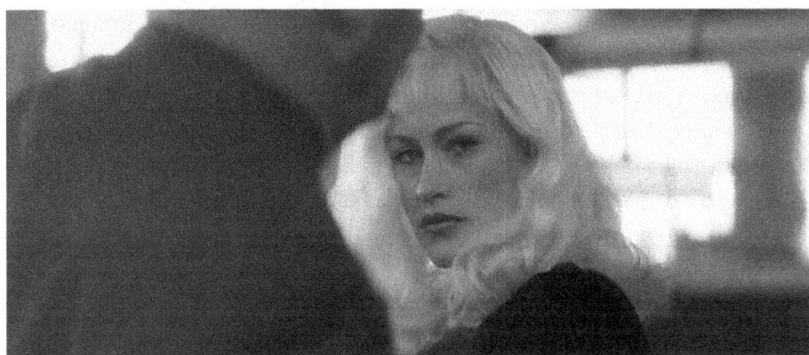

Figs. 17 y 18 : Fotogramas de *Carretera perdida*. Renee y Alice.

Aludiendo a este fragmento del film, Parra Valencia plantea una pregunta significativa: «¿La vida de Pete —las acciones de Pete— se produce mientras Fred, encarcelado, debe permanecer inmóvil o Fred efectivamente actúa metamorfoseado en Pete y comete el asesinato de Dick Laurent, con lo cual Pete es sólo un intermedio fantasmático de Fred?» (Parra Valencia, 2016: 103). No tenemos respuesta a esta pregunta, pues más que de intentar aclarar el sentido de los actos del protagonista o su dimensión real o imaginaria, lo que nos interesa es analizar las características del tipo de imágenes que nos ofrece esta confusa historia.

En este fragmento del film es donde encontramos un tipo de imagen confusa, que Deleuze calificará como el fracaso de la imagen-recuerdo. Según el filósofo, la relación de la imagen actual con la imagen-recuerdo aparece en el *flashback*. Deleuze lo define así: «Se trata precisamente de un circuito cerrado que va del presente al pasado y que luego nos trae de nuevo al presente. [...] multiplicidad de circuitos donde cada uno recorre una zona de recuerdos y retorna a un estado cada vez más profundo, cada vez más inexorable de la situación presente» (Deleuze, 1987: 72). El filósofo deja muy claro que el uso del *flashback* —como el de las imágenes-recuerdo— necesita una razón de ser: es preciso que la historia no pueda contarse en presente. Deleuze pone como ejemplo el film *Amanece* (*Le jour se lève*. Marcel Carné, 1939). La historia comienza con un asesinato, y lo que vemos seguidamente es al asesino encerrado en su habitación. Las razones que llevan a François a cometer tal delito aparecerán a través de *flashbacks*, pues, según Deleuze, la razón de ser de estas imágenes se fundamenta en el destino del protagonista. Otro ejemplo lo podríamos encontrar en *Hiroshima, mon amour* (Alain Resnais, 1959). El film de Resnais transcurre siempre en presente; las capas del pasado conviven con el presente y las del presente, al mismo tiempo, evocan lo que aún pervive del pasado. Todo ello se presenta a través de imágenes-recuerdo y *flashbacks*, que hacen que Hiroshima y Nevers se fundan permanentemente, al igual que las capas del tiempo.

Sin embargo, los recuerdos en *Carretera perdida* no se presentan de una manera tan clara que nos permita identificar la naturaleza presente o pasada —incluso imaginaria— de las imágenes que vemos. Según explica el filósofo: «La imagen sólo se hace "imagen-recuerdo" en la medida en que ha ido a buscar un "recuerdo puro" allí donde éste estaba, pura virtualidad contenida en las zonas ocultas del pasado tal que en sí mismo» (Deleuze, 1987: 79). Por lo tanto, desde nuestro punto de vista, creemos que la imagen-recuerdo demanda una estructura más o menos lógica donde pueda identificarse un pasado concreto. Deleuze manifiesta en *Cinéma II* que «imaginar no es recordar». Es cierto que un recuerdo tiende a vivir en una imagen en tanto que se actualiza, pero su imagen recíproca no se presenta como verdadera. La imagen-recuerdo no es virtual, sino que *actualiza* una virtualidad (el llamado «recuerdo puro» bergsoniano).

Es importante destacar en este punto que el éxito del reconocimiento atento se cumple *a través* de imágenes-recuerdo. Sin embargo, aquí entra en juego una importante observación que hace Bergson: «el reconocimiento atento nos informa mucho más cuando fracasa que cuando tiene éxito» (Deleuze, 1987: 80). Deleuze explica que es en el momento en el que no conseguimos recordar cuando la percepción óptica presente entra en relación con elementos indudablemente virtuales: sensaciones *déjà vu*, imágenes de sueño, fantasías, etc. El filósofo concluye lo siguiente: «En síntesis, no son la imagen-recuerdo o el reconocimiento atento los que nos dan el justo correlato de la imagen óptica-sonora, sino más bien los trastornos de la memoria y los fracasos del reconocimiento» (Deleuze, 1987: 80). En este fracaso es donde localizamos *Carretera perdida*. Al principio del film, Fred comenta que odia las cámaras de vídeo y enuncia: «I like to remember things my own way. How I remembered them, not necessarily the way they happened». Aquí deja claro que sus recuerdos no coinciden necesariamente con la realidad, por lo que la imagen-recuerdo queda fuera de juego. Sin embargo, a lo que nos enfrentamos en este film es la «imagen-recuerdo-fracasada», reconocida a través de fantasías o *déjà vu*.

Otro problema que se plantea aquí es la doble realidad de dichas imágenes. Cuando nos enfrentamos a ellas como «recuerdos fracasados» estamos concibiendo la historia como una proyección de la identidad de Fred en Pete; sin embargo, se tratará de «visiones» desde el momento en que reconocemos la autonomía de Pete como sujeto consciente poseído por la identidad de Fred. En esta segunda parte, que concierne a un fragmento de la vida de Pete —o la de Fred en forma de Pete—, se observan las terribles consecuencias físicas que emergen en el momento en que las dos realidades se aproximan. Cuando el personaje de Pete escucha en la radio la melodía de saxofón interpretada por Fred al comienzo del film, el personaje comienza a tener un horrible dolor de cabeza. Esto mismo le sucede cuando de repente tiene visiones del cuerpo descuartizado de Renee.

Al final de este segundo segmento, Pete y Alice se arriesgan a huir juntos, pero antes deciden robarle a un amigo de Mr. Eddy para poder financiar su viaje. En la casa de este tiene lugar una escena en la que Pete se encuentra en un pasillo y las paredes comienzan a desfigurarse de modo fantasmagórico, mostrándonos un pasillo irreal. Más adelante, volveremos a ver ese mismo pasillo donde Fred encontrará a Dick Laurent y lo secuestrará para matarlo posteriormente.

Figs. 19 y 20 : Fotogramas de *Carretera perdida:* Lo que ve Pete, lo que ve Fred.

Las imágenes que aparecen en esta escena no pueden ser *flashbacks,* imágenes-recuerdo, ni tampoco fracasos de imágenes-recuerdo. Si damos por hecho que el personaje de Fred lo está imaginando todo en su celda preso de la comentada «fuga psicogénica» y esperando a ser electrocutado, el asesinato de Dick constituiría igualmente una fantasía, por lo que dichas imágenes serían un recuerdo de una vivencia ficticia, no de un pasado real. Sin embargo, la complejidad de estas aumenta en el instante en que David Lynch decide presentar a Fred caminando por ese pasillo *después* de que Pete haya tenido la visión: el espectador se ve confrontado con el *déjà vu* antes que con la visión propiamente dicha. De hecho, la experiencia de *déjà vu* tendrá relevancia durante todo el film. En palabras de Alanna Thain:

> Many of the characters seem to be continually in the grip of *déjà vu*, and although this is all unfolding for the audience for the first time, we share in that sensation.

Characters are slow to move, slow to speak; we can see time developing in their bodies. They speak their lines as though they have said them before, as though they are being spoken by the lines (Thain, 2004: 10).

Existe un aspecto adicional dentro de la imagen-tiempo que hemos abordado anteriormente y nos parece pertinente poner en relación junto a *Carretera perdida*: la imagen-cristal. Recordemos que dicha imagen posee dos caras que no se confunden, la actual y la virtual, y el ejemplo más conocido de la misma lo constituye el espejo. Así lo expresa Deleuze:

> La imagen en espejo es virtual respecto del personaje actual que el espejo capta, pero es actual en el espejo que ya no deja al personaje más que una simple virtualidad y lo expulsa fuera de campo [...] Cuando las imágenes se multiplican, su conjunto absorbe toda la actualidad del personaje, al mismo tiempo que el personaje ya no es más que una virtualidad entre las otras (Deleuze, 1987: 99–100).

Deleuze encuentra este modelo de imagen en estado puro en el film *La dama de Shanghái* (*The Lady from Shanghai*. Orson Welles, 1947). La escena final en el laberinto de los espejos representa para el filósofo la «imagen-cristal perfecta en que los espejos multiplicados han cobrado la actualidad de los personajes, que solo podrán reconquistarla quebrándolos todos, reapareciendo uno junto al otro y matándose el uno al otro» (Deleuze, 1987: 100).

El presente constituye la imagen actual, y su pasado contemporáneo la virtual, la imagen en espejo. Esta imagen-cristal tiene que ser a la vez presente y pasada al mismo tiempo: «así pues, la indiscernibilidad de lo real y lo imaginario, o de lo presente y lo pasado, lo actual y lo virtual, no se produce de ninguna manera en la cabeza o en el espíritu, sino que constituye el carácter objetivo de ciertas imágenes existentes, dobles por naturaleza» (Deleuze, 1987: 99).

En *Carretera perdida* nos enfrentamos a una imagen-cristal no tan pura, con menos proyecciones virtuales. Un ejemplo lo encontramos en dos planos casi idénticos, en diferentes tiempos del film. Tanto Fred como Pete se miran en el espejo dando la sensación de no reconocerse a sí mismos en la imagen que el espejo les devuelve.

El film comienza y acaba con el mismo mensaje transmitido a través del interfono de la casa de Fred: «Dick Laurent is dead». Fred es quien lo escucha al principio y vemos al final que es él mismo quien lo transmite. El mensaje es el uróboro, un acto que gira sobre sí mismo y genera repetición. No resulta casual la presencia del interfono como medio tecnológico a través del cual se establece la comunicación. A lo largo del film, observamos cómo

Figs. 21 y 22 : Fotogramas de *La dama de Shanghái*. Laberinto de los espejos.

Figs. 23 y 24 : Fotogramas de *Carretera perdida*. Fred y Pete.

la presencia de aparatos electrónicos se hace evidente, apoderándose de una atmósfera irreal. Al principio de la película la pareja recibe varias cintas VHS anónimas donde se pueden observar grabaciones de su propia casa[111]: en la última de ellas aparece Fred asesinando a su mujer. En ningún momento se presenta al espectador el sujeto que se esconde detrás de dichas grabaciones, aunque es cierto que hay un personaje muy relacionado con la tecnología durante todo el film: el Hombre Misterioso. Este personaje funcionará, al

---

111 Motivo que serviría de inspiración a Michael Haneke en su film *Escondido* (*Caché*, 2005).

Figs. 25 y 26 : Fotogramas de *Carretera perdida*. El Hombre Misterioso.

igual que el Mendigo de *Mulholland Drive*, como entidad conectora entre las diferentes realidades que no se somete a leyes cronológicas ni espaciales.

Alanna Thain, apoyándose en Deleuze, explica que, si la importancia de la repetición es la diferencia «oculta», quizá un medio como el cine produce un efecto de realidad, más por este sentido de diferencia que por su supuesta proximidad a lo real. La autora afirma que es en la estructura en espiral de *Carretera perdida* donde esto queda reflejado; a través de los dispositivos de grabación o la duplicación de la imagen en vídeo se encuentra la fuerza de la repetición, la diferencia oculta. Thain lo explica así:

> The association of the mystery man with these devices, his ability to dematerialize and rematerialize and to change the frequency of the world around him, emphasizes this. If he has no double, the only character with one name, one identity by

means of his lack of identity it is because he already embodies the repetition of film (Thain, 2004: 16–17).

No es casualidad que Fred odie las cámaras y que el Hombre Misterioso se presente como la mera repetición personificada nacida de los dispositivos de grabación; será este último personaje la única constante y guía para el protagonista durante su viaje, que carece de principio y final.

La aproximación a *Carretera Perdida* desde la fuga psicogénica nos ha servido para ubicar en dicho film el fracaso de la imagen recuerdo, aludiendo a la doble realidad de las complejas imágenes que nos presenta Lynch. Asimismo, hemos realizado un breve contacto con la imagen-cristal a través de un elemento como el espejo. Nos disponemos a continuación a realizar un proceso análogo con el film *Mulholland Drive*, con el fin de exponer que tipo de imágenes derivadas de la imagen-tiempo alberga.

4.4.2 El «sueño implicado» y la experiencia *déjà vu* en *Mulholland Drive*

Mulholland Drive (2001) comienza mostrando tres parejas duplicadas y sus siluetas en negativo bailando lo que parece *Jitterbug*[112].

El comienzo del film recuerda a las palabras de Deleuze durante el examen de la comedia musical que realiza en *L'image-temps*: «El acto cinematográfico consiste en que el propio bailarín entra en el baile, como se entra en el sueño [...] El baile ya no es solamente movimiento de mundo, sino también pasaje de un mundo a otro, entrada en otro mundo, efracción y exploración» (Deleuze, 1987: 82). El baile se presenta aquí como preludio a una historia horrible, una pesadilla que se extiende a todos los niveles de realidad posibles. El último tercio de *Mulholland Drive* redefine el resto de la película, descubriéndola como un sueño o una fantasía en el lecho de muerte de la protagonista. Lo que se ha visto hasta el momento han sido fragmentos de la psique trastornada de Diane, quien decide, en venganza por su abandono, contratar a un asesino que mate a su amante Camilla. Betty, la actriz prometedora que vemos al principio del film resulta ser el *alter ego* de Diane, que cumple sus deseos de estar

---

112 El *Jitterbug* es un término que alberga todas las modalidades del baile *Swing*, muy popular en Estados Unidos en las décadas de 1930 y 1940.

Figs. 27 y 28 : Fotogramas de *Mulholland Drive*. Secuencia de apertura.

con Rita, *alter ego* a su vez de Camilla, en este mundo que imagina la protagonista para huir del terrible crimen que ha maquinado, aunque nunca veamos su ejecución.

Al comienzo de la película, no solo se introduce la cámara en la almohada de Diane (lo que proporciona al espectador una importante clave para interpretar la naturaleza de las imágenes que puede ver a continuación), sino que una de las primeras escenas presenta dos personajes en el café Winkie's conversando sobre el sueño recurrente de uno de ellos, y que puede ser considerada como premonición de la pesadilla que se verá posteriormente. Como explica Parra Valencia: «En *Mulholland Drive* el espacio del sueño no se diferencia del de la vigilia fundamentalmente porque es trasladado a la experiencia del intérprete. [...] *Mulholland Drive* no se presenta como un sueño limpio; es un sueño oscuro, pesado, que anuncia constantemente su transformación en pesadilla» (Parra Valencia, 2016: 199–200). Es habitual la lectura de la película desde la lógica de la pesadilla, carente de cordura y como un puzle cuyas piezas no terminan de encajar del todo. Sin embargo, las imágenes que revela el film se vuelven incluso más complejas por la confusión entre las dos realidades aparentes. Aludiendo a Parra Valencia, podemos observar el conjunto del film como una «imagen-sueño desplegada» (Parra Valencia, 2016: 199).

Deleuze define la imagen-sueño como un tipo de imagen virtual que obedece a un gran circuito donde cada «imagen actualiza a la precedente y se actualiza en la siguiente, para volver eventualmente a la situación que la había desencadenado» (Deleuze, 1987: 85). Para el filósofo, tanto la imagen-sueño como la imagen-recuerdo no garantizan la indiscernibilidad entre lo real y lo imaginario, y es la primera la que se presentará sometida a la condición de atribuir la conciencia del sueño —lo que podríamos llamar real— al espectador, y el mismo sueño a un «soñante» (Deleuze, 1987: 85 *passim)*. Sin embargo, como comentaba Parra Valencia previamente, lo característico de *Mulholland Drive* no es solo atribuir al espectador la conciencia de sueño, sino también el sueño mismo. Hay que tener en cuenta que el desarrollo de la imagen-sueño en la película depende de la postura del espectador frente a una estructura no secuencial: no son los personajes —soñadores o conscientes— los que cambian de un estado a otro dentro del film, sino el mismo espectador el que, de un momento a otro, cambia de dimensión. Parra Valencia lo expone de la siguiente manera: «Todas las imágenes empiezan a valer lo mismo, todo espacio jerárquico de interpretación se aplana, se desjerarquiza y cada imagen se parece a otra que se ha visto antes, pero que es imposible de ubicar diegéticamente» (Parra Valencia, 2016: 206).

En este punto, Deleuze propone otro tipo de imagen, una que sea capaz de desobedecer las leyes del gran circuito donde se actualiza en bucle la imagen-sueño. El filósofo toma de Michel Devillers la noción de «sueño implicado», donde agrupa diversos estados diferentes del sueño explícito, como el ensueño, el sueño despierto o el estado de extrañeza (Deleuze, 1987: 85 *passim*). Consciente de que la imagen óptica y sonora se separa de su prolongamiento motor al entrar en relación con imágenes virtuales como imágenes-recuerdo o imágenes-sueño, Deleuze sugiere una nueva relación con el estado de «sueño implicado», que hará que dicha imagen se prolongue en «movimiento de mundo»:

> [...] ya no es que el personaje reaccione a la situación óptica-sonora, sino que un movimiento de mundo suple al movimiento desfalleciente del personaje. Se produce una suerte de mundialización o «mundanización», de despersonalización, de pronominalización del movimiento perdido o impedido. [...] El mundo se hace cargo del movimiento que el sujeto ya no puede o no es capaz de realizar. Es un movimiento virtual pero que actualiza al precio de una expansión del espacio entero y de un estiramiento del tiempo. [...] pensamos que el sueño explícito contiene o retiene estos movimientos de mundo que, en el sueño implicado, por el contrario, se liberan (Deleuze, 1987: 86).

En este sentido, Deleuze cita *La noche del cazador* (*The Night of the Hunter.* Charles Laughton, 1955) como ejemplo de dichas percepciones ópticas que despersonalizan el movimiento. Cuando el predicador persigue a los niños para robarles, él mismo queda «desposeído de su propio movimiento de persecución en provecho de su silueta como sombra chinesca» (Deleuze, 1987: 86).

En *Mulholland Drive* se puede encontrar un ejemplo claro de dicha despersonalización del movimiento. Cuando Rita y Betty asisten a un espectáculo en el Club Silencio, el mago pronuncia las siguientes palabras: «No hay banda, *il n'est pas d'orchestra, it is all an illusion*».

El hombre insinúa a la audiencia que nada de lo que han visto es real, e inmediatamente después vemos el cuerpo de Betty convulsionar violentamente. La joven, presa de un movimiento ajeno a ella misma, sucumbirá al control del mundo de pesadilla donde se encuentra, que se hace con el control del cuerpo «despersonalizado» de esta. Estos espasmos serán, en realidad, premonición del despertar de Diane (Betty).

Figs. 29 y 30 : Fotogramas de *La noche del cazador*. Secuencia de la persecución.

En *Mulholland Drive* la experiencia del sueño se mezcla con la experiencia de la rememoración. Se puede observar cómo a lo largo del film la mente perturbada de la joven Diane traslada elementos de la realidad a su pesadilla. Un ejemplo sería la llave azul que le muestra el asesino a sueldo y que

Figs. 31 y 32 : Fotogramas de *Mulholland Drive*. Secuencia del Club Silencio.

reaparece distorsionada en su sueño, como la llave misteriosa dentro del bolso de Rita/Camilla.

Según explica Deleuze, la teoría bergsoniana del sueño considera que el durmiente está abierto a las sensaciones del mundo exterior e interior. Este sujeto, en vez de poner dichas sensaciones en relación con imágenes-recuerdo, las relaciona «con capas de pasado fluidas y maleables que se contentan con un ajuste muy amplio o flotante» (Deleuze, 1987: 83). Deleuze

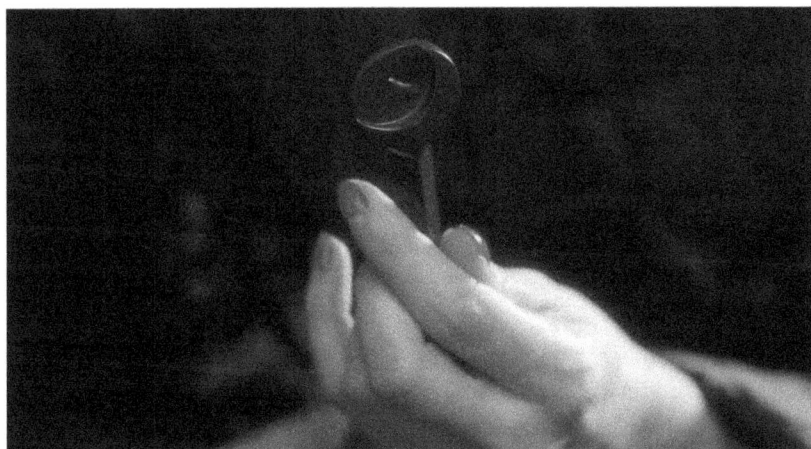

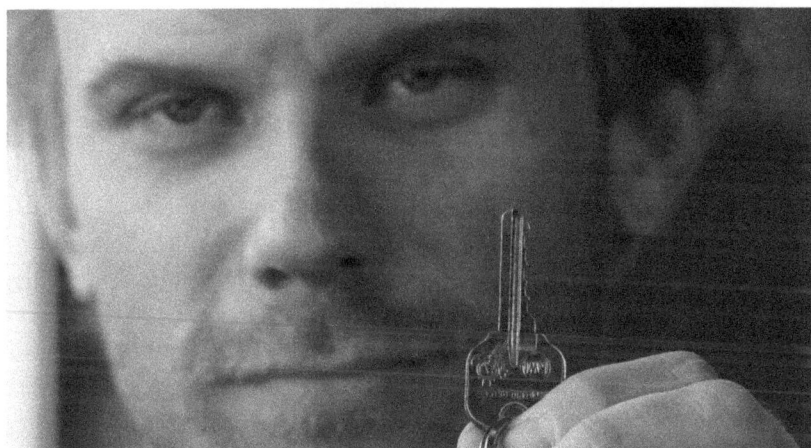

Figs. 33 y 34 : Fotogramas de *Mulholland Drive*. La misteriosa llave azul que encuentra Rita en su bolso al principio del film y la llave que le muestra el asesino a sueldo a la protagonista al final.

se pregunta cuál sería entonces la diferencia entre la imagen-recuerdo y la imagen-sueño. Ambas imágenes parten de la imagen-percepción, cuya naturaleza es la de ser una imagen actual. En cambio, el recuerdo —lo que Bergson llama «recuerdo puro»— es por necesidad una imagen virtual; en el momento en que esta se actualiza en una imagen-percepción, deja de ser virtual para volverse actual. Sin embargo, el caso del sueño es diferente. Deleuze lo explica de la siguiente manera:

> El caso del sueño pone de manifiesto dos importantes diferencias. Por una parte, las percepciones del durmiente subsisten, pero en el estado difuso de un polvo de sensaciones actuales, exteriores e interiores, que no son captadas por sí mismas y que escapan a la conciencia. Por la otra, la imagen virtual que se actualiza no lo hace directamente, sino que se actualiza en otra imagen, y ésta cumple el papel de imagen virtual actualizándose en una tercera y así hasta el infinito: el sueño no es una metáfora sino una serie de anamorfosis que trazan un enorme circuito (Deleuze, 1987: 82).

Para entender mejor esta propuesta, Deleuze acude a Buñuel. En el cortometraje *Un chien andalou* (*Un perro andaluz*. Luis Buñuel, 1929), se puede ver claramente cómo la imagen virtual se actualiza indirectamente en la siguiente. El plano de la nube afilada que corta la luna se actualiza, no obstante, lo hace a través del plano de la navaja que corta el ojo, conservando así su papel de imagen virtual con respecto a la siguiente (Deleuze, 1987: 83 *passim*).

La experiencia o sensación de *déjà vu* es clave para entender por qué *Mulholland Drive* desubica al espectador. Según lo explica Parra Valencia: «Lynch consigue implicar al espectador en el mismo efecto de realidad que ha relatado en sus personajes y nos obliga a pasar del sueño al despertar según un forzamiento que va de la amnesia a la paramnesia» (Parra Valencia, 2016: 206). Bergson define la experiencia paramenésica o *déjà vu* como falso reconocimiento o recuerdo ilusorio, pues no es posible localizarlo en ningún punto del pasado. Lo que hace realmente esta experiencia es producir una «evocación confusa o incompleta del recuerdo real»; no nos enfrentamos a lo «ya visto», sino a lo «ya vivido». Nos encontramos frente a dos experiencias que convergen en un mismo reconocimiento y se presentan como prácticamente idénticas. Un ejemplo de ello lo encontramos en una de las primeras escenas, donde la mujer que luego reconoceremos como Rita se encuentra en un coche conducido por dos hombres que están a punto de matarla. Al final del film, observamos a Diane en el mismo coche, con los mismos conductores y repitiendo las mismas palabras que Rita, lo que evoca en el espectador una sensación de *déjà vu*. De esta manera, es esta sensación la que, como apunta Parra Valencia, fuerza al espectador a pasar del sueño a la vigilia.

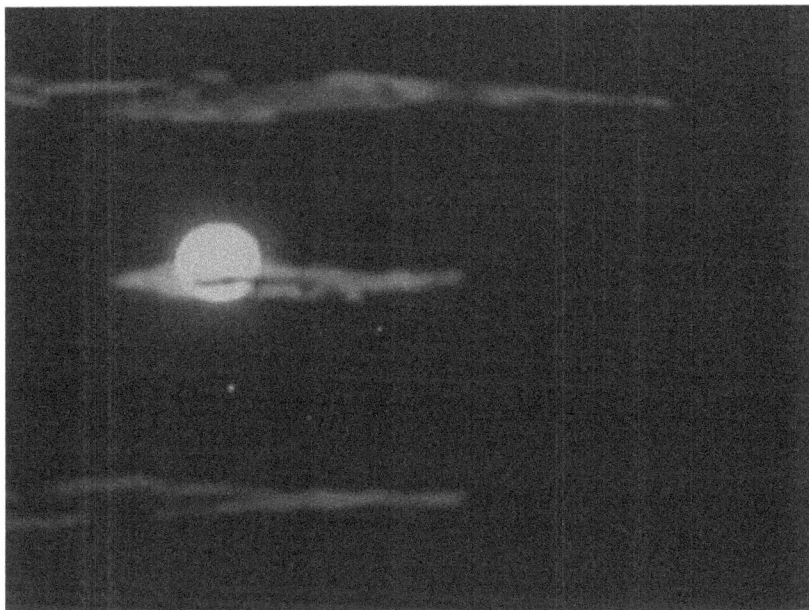

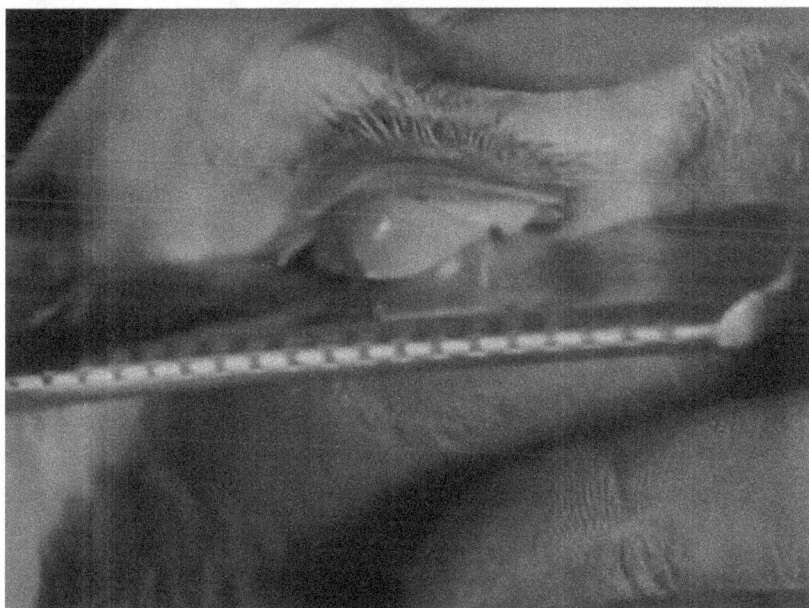

Figs. 35 y 36 : Fotogramas de *Un chien andalou*. Escena ojo-luna-navaja.

¿Qué hace?
No nos detendremos aquí.

¿Qué hace?
No nos detendremos aquí.

Figs. 37 y 38 : Fotogramas de *Mulholland Drive*. Rita/Camilla y Betty/Diane.

Al margen de las imágenes-sueño y las imágenes-recuerdo, hay una escena en *Mulholland Drive* que encarna lo que el filósofo llamaría «una situación puramente óptica y sonora», es decir, un tipo de escena distintiva del cine moderno donde se rompen los vínculos entre acción y reacción y se anula la forma habitual que tenemos de percibir algo. Paola Marrati, parafraseando a Deleuze, resume esta idea así:

Las situaciones ópticas y sonoras puras, [...], surgen cuando los lazos de las acciones se han deshecho y nos libran, con el personaje, a lo que hay para ver, de demasiado bello o de insoportable incluidas las situaciones extremas, en los fragmentos de la vida cotidiana mas pequeños. Es un cine de devenir visionario que produce imágenes donde la crítica es inseparable de la compasión (Maratti, 2006: 68).

En otras palabras, se trata de escenas en las que se suspenden secuencias corrientes de acción-reacción y lo que nos queda es experimentar la imagen audiovisual en sí misma. Estas «situaciones puramente ópticas y sonoras» tienen como función resaltar el vínculo entre el espectador y el film provocando un nuevo tipo de percepción, muy diferente a las formas que normalmente se encuentra predispuesto a percibir. La escena que calificamos previamente como premonitoria de las pesadillas que se sucederán a lo largo del film, transcurre en el café Winkie's. En ella asistimos a la conversación entre dos personajes que no volverán a aparecer acerca de las dos pesadillas exactamente iguales que ha tenido uno de ellos. El hombre que ha soñado cuenta que en su pesadilla ve un rostro que «espera no ver nunca fuera del sueño». Sin embargo, la extraña figura se encuentra exactamente donde el hombre la soñó, y es precisamente el encuentro horripilante con la pesadilla en la realidad lo que hace que el hombre desfallezca. George Burdon explica la importancia de esta última escena del siguiente modo en su artículo «The image of thought: The audiovisual encounter with *Mullholland Drive*» (2017)[113]:

> The diner scene from *Mulholland Drive* is so effective because of the way that it uses sound to rupture our habitual perceptions, our dogmatic image of thought, resulting in an unsettling atmosphere of ambiguity –we are left feeling tense because the dogmatic link between action and reaction that we are used to is broken by the subtle rumbling sound in the background making the scene somehow alien (Burdon, 2017).

Como asegura Burdon, a través del sonido se provoca en el espectador este nuevo tipo de percepción que nos ofrecen estas situaciones puras; en palabras de Marrati, «si son puras es porque no hacen más que dar a ver y a escuchar» (Maratti, 2006: 67). Es imprescindible recalcar en este punto

---

113 Burdon, George. (2017). «The image of thought: The audiovisual encounter with *Mullholland Drive*». En: *Blog of the University of Bristol's MSc in Human Geography* [en línea]. Bristol: University of Bristol.

Figs. 39 y 40 : Fotograma de *Mulholland Drive*: Figura del Mendigo y reacción de Dan al verla.

que, para Deleuze, la percepción sensoriomotriz está al servicio «de un sistema de valores que se pega a la percepción misma de las cosas y siempre corre el riesgo de hacer deslizarse al pensamiento hacia el conformismo de la doxa y a los afectos en esquemas preestablecidos» (Marrati, 2006: 67). Por ello estas imágenes resultan importantes, pues son capaces de retomar la lucha contra el poder de lo dogmático o preestablecido.

La figura extraña a la que nos hemos referido con anterioridad es comúnmente señalada como el personaje del «mendigo», aunque quien lo inter-
prete sea la actriz Bonnie Aarons. Parra Valencia explica que este personaje
podría ser el elemento más sólido de la película, aunque parezca funcionar
como una de las muchas piezas que no encajan en ningún sitio (como la
caja azul misteriosa, el personaje del Cowboy o Mr. Roque). No obstante,
se puede observar que dicha figura detenta una función específica: enlazar
los tiempos acronológicos que aparecen descolocados dentro de la imagen-
sueño. Esta función, según Parra Valencia, le permite «transitar entre planos
dimensionales de las dos series (sueño y vigilia) tanto como imagen-recuerdo
e imagen-delirio» (Parra Valencia, 2016: 228). Dicha figura que sobrepasa
los límites del tiempo y el espacio constituye una constante en el cine de
David Lynch: la hemos encontrado representada por el Hombre Misterio
en *Carretera perdida* y volverá a aparecer una década más tarde con el
personaje del Fantasma en *Inland Empire*.

Hemos visto hasta este punto como la noción de «sueño implicado»
deleuziana y la despersonalización del movimiento se manifiestan en *Mulholland Drive*. La experiencia del sueño junto a la rememoración da lugar
a la experiencia del *déjà vu*, clave en el mencionado film. Al final, nos
acercamos a un tipo de imagen relevante por su capacidad para luchar
contra lo preestablecido, que Deleuze llama una «situación óptica y sonora
pura» y que según este es capaz de hacer que el tiempo sea percibido
directamente.

5. Conclusiones

La aproximación al cine de David Lynch que hemos trabajado en este estudio evidencia un gran interés por aunar filosofía y producción cinematográfica. El pensamiento de Gilles Deleuze a este respecto deja muy claro que la mejor manera de pensar el cine es a través de conceptos que le sean propios. Aquí es donde la filosofía toma un papel fundamental, pues será la encargada de pensar dichos conceptos.

En una primera parte se ha estudiado el recorrido del director norteamericano, desde sus comienzos como pintor hasta su consagración como cineasta de culto. Asimismo, se ha propuesto un recorrido por su filmografía para ubicar al lector dentro de su extensa obra. De igual modo, en el desarrollo de este capítulo se han estudiado los vínculos de Lynch con conceptos como el posmodernismo, la película nostálgica, el género *noir* o el surrealismo. Más adelante, se ha visto cómo otros autores han analizado la filmografía de Lynch desde diversas perspectivas filosóficas y, más específicamente, desde una perspectiva deleuziana. Después de examinar brevemente la filosofía de Deleuze, nos hemos centrado en sus estudios sobre cine para realizar una breve introducción a los conceptos de imagen-movimiento e imagen-tiempo. Finalmente, hemos considerado oportuno llevar a cabo el análisis de dos películas del director junto a conceptos cinematográficos deleuzianos —como puesta en práctica de nuestro esbozo teórico central— para cumplir el objetivo principal de este estudio.

Nos hemos centrado exclusivamente en *Carretera perdida* y *Mulholland Drive*, ya que las consideramos paradigmáticas dentro de la extensa filmografía del director norteamericano. A través de la visualización del fracaso de la imagen-recuerdo en *Carretera perdida* y la evidente manifestación del «sueño implicado» o la imagen-cristal en *Mulholland Drive*, hemos podido demostrar la tesis de Deleuze según la cual toda aproximación al séptimo arte ha de partir de conceptos que le sean propios y no de disciplinas ajenas a este. El cine, como máquina de producción, fabrica sus propios conceptos y «su potencia no está en "decir" algo que otra disciplina ya ha teorizado» (Parra Valencia, 2016: 12). Considolamos que estos conceptos solo se pueden formar filosóficamente y es por eso por lo que acudimos a Gilles

Deleuze para pensar *con* las imágenes cinematográficas de David Lynch. El filósofo explica: «Si he podido escribir sobre cine no ha sido invocando un derecho a la reflexión sino porque los problemas filosóficos me han llevado a buscar respuestas en el cine, a pesar de que estas respuestas supongan nuevos problemas» (Deleuze, 2008: 257). También hemos visto que las imágenes de David Lynch se insertan en el universo de la imagen-tiempo, a la vez que hemos identificado variantes de la misma que la enriquecen.

Consideramos importante destacar que en el transcurso de la investigación hemos constatado la ambigüedad que se cierne sobre la reflexión cinematográfica deleuziana, que en ocasiones se cifra en conceptos evanescentes e inconcretos que no dilucidan el pensamiento del filósofo, sino que, por el contrario, lo recubren de un halo de extrañeza y confusión. Asimismo, hemos detectado un gran interés en la actualidad por el pensamiento deleuziano y su relación con el cine, en el que habría que destacar su conexión con el cine digital, de la que dan fe conceptos como «cine no-tiempo» o *digital outside*. Las caóticas producciones audiovisuales de David Lynch junto al pensamiento deleuziano evidencian la potencialidad creadora que comparten el pensamiento y el cine. Este estudio ha puesto de relieve la importancia de acudir a la filosofía para pensar *con* el cine y no solo reflexionar *sobre* este. No en vano, desde nuestro punto de vista, tanto el cine como el arte contemporáneo tiene que servir como productor de pensamiento, y siguiendo a Deleuze, como acto de resistencia.

6. ANEXO 1: Esquema visual de la filmografía de David Lynch

Bibliografía

ALEXANDER, John. (1993). *The Films of David Lynch*. London: New Holland Publishers.

ALVARADO DUQUE, Carlos Fernando. (2013). «Cine y filosofía. Aproximaciones a un territorio de encuentro. La poética de las imágenes en movimiento». En: *Calle 14* [en línea]. Colombia: Vol. 8, n.° 11, pp. 125–138. Disponible en: https://bit.ly/3gXRBZm [Fecha de consulta: 20/05/2020]

ANDERSON, Perry. (2004). *Tras las huellas del materialismo histórico*. Madrid: Siglo XXI (ed.or. español: 1986) (ed.or. 1983)

ANDERSON, Perry. (2016). *Los orígenes de la posmodernidad*. Madrid: Akal. (ed. or. 1998).

ARAGÜÉS, Juan Manuel. (1998). *Gilles Deleuze (1925–1995)*. Madrid: Ediciones del Orto.

ARP, Robert; BRACE, Patricia. (2011). «"The Owls Are Not What They Seem": The Logic of Lynch's World». En: DEVLIN, William J.; SHEEN, Erica. (eds.). (2011). *The Philosophy of David Lynch*. Kentucky: The University Press of Kentucky.

BECKMANN, Frida. (2017). *Gilles Deleuze. Critical Lives*. Londres: Reaktion Books.

BORRIAUD, Nicolas. (2009). «Altermodern Manifesto: Tate Triennial» [en línea]. Disponible en: https://bit.ly/3brWc59 [Fecha de consulta: 20/05/2020].

BOTTO, Michele. (2011). *Sujeto e individuo en el pensamiento de Gilles Deleuze*. Tesis Doctoral. Madrid: Universidad Autónoma. Disponible en: https://bit.ly/32VXLEz [Fecha de consulta: 09/07/2020]

BULKELEY, Kelly. (2003). «Dreaming and the Cinema of David Lynch». En: *Dreaming* [en línea]. California: Association for the Study of Dreams. Vol. 13, n°.1. pp.49–60. Disponible en: https://bit.ly/331m8Au [Fecha de consulta: 30/06/2020]

BURDON, George. (2017). «The Image of Thought: The Audiovisual Encounter with *Mullholland Drive*». En: *Blog of the University of Bristol's Msc in Human Geography* [en línea]. Bristol: University of Bristol. Disponible en: https://bit.ly/3jMl1eM [Fecha de consulta: 16/08/2020]

CASAS, Quim. (2007). *David Lynch*. Madrid: Cátedra.

CABELLO, Gabriel. (2005). *La vida sin nombre. La lógica del espectáculo según David Lynch*. Madrid: Biblioteca Nueva.

CAVALLO, Ascanio. (2009). «*Terciopelo azul*, de David Lynch». En: *Estudios Públicos* [en línea]. Chile: CEP, n.º 113, pp. 319–327. Disponible en: https://bit.ly/3hXtNq0 [Fecha de consulta: 22/03/2020]

CHION, Michel. (2003). *David Lynch*. Barcelona: Paidós. (ed.or. 1992).

CORTÉS LÓPEZ, Sara Pilar. (2015). *La influencia de las Artes en David Lynch. La pintura, la literatura, la fotografía y el cine como referentes creativos* [en línea]. Trabajo Final de Máster. Zaragoza: Universidad de Zaragoza. Disponible en: https://bit.ly/35i1wqL [Fecha de consulta: 02/02/2020]

DEANE-FREEMAN, Timothy. (2019). *The Digital Outside: Deleuzian film philosophy and contemporary screen cultures*. Tesis Doctoral. Melbourne: Deakin University.

DELEUZE, Gilles; PARNET, Claire. (1980). *Diálogos*. Valencia: Pre-textos. (ed.or. 1977).

DELEUZE, Gilles. (1987). *La imagen-tiempo, estudios sobre cine II*. Barcelona: Paidós. (ed.or. 1985)

DELEUZE, Gilles; GUATTARI, Félix. (1997). *¿Qué es la filosofía?*. Barcelona: Anagrama. (ed.or. 1991).

DELEUZE, Gilles. (1999). *Conversaciones 1972–1990*. Valencia: Pre-textos. (ed.or. 1995).

DELEUZE, Gilles. (2005). *La isla desierta y otros textos: (textos y entrevistas, 1953–1974)*. Valencia: Pre-textos. (ed.or. 2002).

DELEUZE, Gilles. (2008). *Dos regímenes de locos: (textos y entrevistas, 1975–1995)*. Valencia: Pre-textos. (ed.or. 2003).

DERRIDA, Jacques. (1997). «Sokal et Bricmont ne sont pas sérieux». En: *Le Monde*. 20/11/1997, p.17. Disponible en: https://bit.ly/321jMCD [Fecha de consulta: 25/08/2020]

DUFOUR, Éric. (2008). *David Lynch: matière, temps et image*. Paris: Vrin. Disponible en: https://books.google.es/books?isbn=9782711619955 [Fecha de consulta: 09/08/2020].

DEVLIN, William J.; SHEEN, Erica. (2011). «Introduction». En: DEVLIN, William J.; SHEEN, Erica. (eds.). (2011). *The Philosophy of David Lynch*. Kentucky: The University Press of Kentucky.

ELSAESSER, Thomas. (2013). «Los actos tienen consecuencias. Lógicas del mind-game film en la trilogía de Los Ángeles de David Lynch». En: *L'Atalente: revista de estudios cinematográficos* [en línea]. Valencia: Asociación Cineforum L'Atalante, n.° 15, pp. 07–18. Disponible en: https://bit. ly/2F7QXet [Fecha de consulta: 25/01/2020]

FOSTER, Hal. (2015). «Introducción al Postmodernismo». En: Foster, Hal (ed.). *La Posmodernidad*. Barcelona: Kairós (ed.or. 1983).

FOSTER WALLACE, David. (1997). *A Supposedly Fun Thing I'll Never Do Again* [en línea]. Nueva York: Little, Brown and Co. Disponible en: https://bit.ly/2QSONCr [Fecha de consulta: 20/12/2019]

GROSSMAN, Evelyne; MARRATI, Paola. (2008). «Qu'est-ce qu'une une pensée imtempestive? (De Deleuze à Lynch)». En: *Rue Descartes 95* [en línea]. París: Collège international de Philosophie, Vol.1, n.° 59, pp. 2–5. Disponible en: https://bit.ly/3jGq5kM [Fecha de consulta: 15/05/2020]

HARDT, Michael; NEGRI, Antonio. (2005). *Imperio*. Barcelona: Paidós. (ed.or. 2000).

HOBAN, Phoebe. (2014). «David Lynch on His First Retrospective of Original Artwork». En: *The New York Times Style Magazine* [en línea]. Disponible en: https://nyti.ms/3lP9du2 [Fecha de consulta: 04/04/2020]

HOLT, Jason. (2006). «A Darker Shade: Realism in *Neo-Noir*». En: T. CONARD, Mark (ed.). (2006). *The Philosophy of Film Noir* [en línea]. Kentucky: The University Press of Kentucky. Disponible en: https:// books.google.es/books/isbn?9780813123776 [Fecha de consulta: 05/ 05/2020]

JAMESON, Fredric. (2015). «Posmodernismo y sociedad de consumo». En: Foster, Hal (ed.). *La Posmodernidad*. Barcelona: Kairós (ed.or. 1983).

JERSLEV, Anne. (2004). «Beyond Boundaries: David Lynch's *Lost Highway*». En: SHEEN, Erica; DAVISON, Anette (eds.). (2004) *The Cinema of David Lynch: American Dreams, Nightmare Visions*. London: Wallflower Press. Pp. 151–164

JOHNSON, Jeff. (2003). «Pervert in the Pulpit: The Puritanical Impulse in the Films of David Lynch». En: *Journal of Film and Video* [en línea]. Illinois: University of Illinois Press, Vol. 55, n.° 4, pp. 3–14. Disponible en: https://bit.ly/3h0RZq5 [Fecha de consulta: 10/07/2020].

JOHNSON, Jenna. (2019). «*Blue Velvet*, Nostalgia, and Ronald Reagan». En: *Medium* [en línea]. Disponible en: https://bit.ly/2Z6jCIl [Fecha de consulta: 28/05/2020].

KOLB, Leigh. (2011). «The Mother of All Bombs». En: DEVLIN, William J.; SHEEN, Erica. (eds.). (2011). *The Philosophy of David Lynch*. Kentucky: The University Press of Kentucky.

LÓPEZ VILLEGAS, Manuel (ed.). (2000). *Escritos de Luis Buñuel*. Madrid: Páginas de espuma.

LYNCH, David. (2008). *Atrapa el pez dorado. Meditación, conciencia y creatividad*. Barcelona: Mondadori. (ed.or. 2006).

MANIGLIER, Patrice; ZABUNYAN, Dork. (eds.). (2012). *Foucault va al cine*. Buenos Aires: Nueva Visión. (ed.or. 2011).

MARRATI, Paola. (2006). *Gilles Deleuze: Cine y filosofía*. Buenos Aires: Nueva Visión.

MESSIAS, ADRIANO. (2020). *Todos los monstruos de la tierra. Bestiarios del cine y de la literatura*. Madrid: Punto de vista. (ed.or. 2016).

MURCIA SERRANO, Inmaculada. (2010). «La estética del pastiche postmoderno. Una lectura crítica de la teoría de Fredric Jameson». En: *Contrastes. Revista Internacional de Filosofía* [en línea]. Vol. XV. pp. 223–241. Disponible en: https://bit.ly/3h3uzjH [Fecha de consulta: 06/06/2020].

NAVARRO, Antonio José. (2006). «Sinister Loci. El sexo, el horror y el mal en el cine de David Lynch». En: V.V.A.A. (2006). *Universo Lynch*. Madrid: Calamar Ediciones.

NEWMARK, Hjalmar Fredd. (2004). «Foucault y Deleuze, reseña crítica de sus obras». En: MEJÍA QUINTANA, Óscar. (dir.). (2004). *El posestructuralismo en la filosofía política francesa contemporánea: presupuestos, críticas y proyecciones* [en línea]. Bogotá: Universidad Nacional de Colombia. Disponible en: https://books.google.es/books?isbn=9789587014198. [Fecha de consulta: 02/08/2020].

NOCHIMSON, Martha. (2013). *David Lynch Swerves: Uncertainty from Lost Highway to Inland Empire* [en línea]. Texas: University of Texas Press. Disponible en: https://books.google.es/books?isbn=9780292722958 [Fecha de consulta: 01/07/2020].

O'CONNELL, Stephen. (1995). «Detective Deleuze and the Case of Slippery Signs». En: *Globe e-journal: Journal of contemporary arts* [en línea]. Australia: Monash University, n.° 1, Disponible en: https://bit.ly/3bpsz4a [Fecha de consulta: 01/08/2020]

ORGERON, Devin. (2002). «Revising the Postmodern American Road Movie: David Lynch's *The Straight Story*». En: *Journal of Film and Video* [en línea]. Illinois: University of Illinois Press/University Film & Video Association. Vol. 54, n.° 4, pp. 31–46. Disponible en: https://bit.ly/3boQNvB [Fecha de consulta: 30/06/2020].

PALAU MARTÍN, Ignacio. (2012). «Lynch *noir*. El cine negro según David Lynch». En: *L'Atalante: revista de estudios cinematográficos* [en línea]. Valencia: Asociación Cineforum L'Atalante, n.° 14, pp. 108–114. Disponible en: https://bit.ly/3gW3Fdx [Fecha de consulta: 28/12/2019]

PALAU MARTÍN, Ignacio. (2013). «La filmación de la mente. *Carretera Perdida* como mind-game film». En: *L'Atalante: revista de estudios cinematográficos* [en línea]. Valencia: Asociación Cineforum L'Atalante, n.° 15, pp. 66–72. Disponible en: https://bit.ly/2GrfXOB [Fecha de consulta: 18/01/2020]

PARDO, José Luís. (2014). *A propósito de Gilles Deleuze*. Valencia: Pretextos.

PARRA VALENCIA, Juan Diego. (2016). *David Lynch y el devenir cine de la filosofía. Una lectura Deleuziana*. Medellín: Fondo Editorial ITM.

PÉREZ BOWIE, José Antonio. (2008). *Leer el cine. La teoría literaria en la teoría cinematográfica* [en línea]. Salamanca: Ediciones Universidad de Salamanca. Disponible en: https://bit.ly/2Z5UEZj [Fecha de consulta: 20/06/2020]

RÀNCIERE, Jacques. (2017). «¿De una imagen a otra? Deleuze y las edades del cine». En: *El zapato de Herzog* [en línea]. Disponible en: https://bit.ly/2F2raEE [Fecha de consulta: 02/08/2020].

RANGEL, Sonia. (2015). *Ensayos imaginarios. Aproximaciones estéticas al cine de David Lynch, David Cronenberg, Béla Tarr y Nicolás Pereda*. México: Ítaca.

RODLEY, Chris. (ed.). (2017). *Lynch por Lynch*. Buenos Aires: Cuenco de plata (ed.or. 1997).

SÁNCHEZ, Sergi. (2013). *Hacia una imagen no-tiempo: Deleuze y el cine contemporáneo*. Oviedo: Ediciones de la Universidad de Oviedo.

SOKOAL, Alan; BRICMONT, Jean. (1999). *Imposturas intelectuales*. Barcelona: Paidós. (ed.or. 1997)

STIEGLER, Bernard. (2004). *La técnica y el tiempo III. El tiempo del cine y la cuestión del malestar*. Hondarribia: Hiru.

THAIN, Alanna. (2004). «Funny How Secrets Travel: David Lynch's *Lost Highway*». En: *Invisible Culture*. [en línea]. New York: University of Rochester, n.º 8. Disponible en: https://bit.ly/2F9EFCn [Fecha de consulta: 08/08/2020]

THIELLEMENT, Pacôme. (2020). *Tres ensayos sobre Twin Peaks*. Barcelona: Alpha Decay. (ed.or. 2018).

TRÍAS, Eugenio. (2013). *De cine. Aventuras y extravíos*. Barcelona: Galaxia Gutenberg.

TRÍAS, Eugenio. (2018). *Lo bello y lo siniestro*. Barcelona: Penguin (ed. or. 1982).

WOODS, Paul A. (2000). *Weirdsville USA: The Obsessive Universe of David Lynch*. London: Plexus.

ŽIŽEK, Slavoj. (2000). *The Art of the Ridiculous Sublime: On David Lynch's Lost Highway*. Seattle: Walter Chapin Center for the Humanities, University of Washington.

S/N. (2017). «David Lynch and Surrealism: Deconstruction of the 'Lynchian' Label». En: *Facets* [en línea]. Disponible en: https://bit.ly/2F5bxfP [Fecha de consulta: 23/02/2020].